AF359430

ÉTUDE

SUR LE

Περὶ ἀναστάσεως

D'ATHÉNAGORE

3483

ÉTUDE

SUR LE

Περὶ ἀναστάσεως

D'ATHÉNAGORE

THÈSE DE DOCTORAT EN THÉOLOGIE

PRÉSENTÉE A LA FACULTÉ CATHOLIQUE DE LYON

PAR

l'Abbé Louis CHAUDOUARD

Prêtre du Diocèse de Viviers.

LYON

A. REY & Cie, IMPRIMEURS-ÉDITEURS

4, RUE GENTIL, 4

1905

A LA MÉMOIRE DE MA MERE

A MON PÈRE

INTRODUCTION

ORIGINE. — AUTHENTICITÉ. — FORME
DU *DE RESURRECTIONE*

Dans le *Parisinus* (451), manuscrit d'où dépendent tous les autres et qui fut copié pour Aréthas, archevêque de Césarée (914), se trouve, après la *Supplicatio*, le traité *de la Résurrection des corps* dont Baanès, le notaire d'Aréthas, a écrit le titre : « περὶ ἀναστάσεως νεκρῶν ». A ce titre, Aréthas, de sa propre main, a ajouté les mots : « τοῦ αὐτοῦ » c'est-à-dire, du même auteur que la *Supplicatio* qui précède. Et pour ne laisser subsister aucun doute, Aréthas a ajouté cette note finale « Ἀθηναγόρου περὶ ἀναστάσεως ».

Au xe siècle, ce traité passait donc pour une œuvre d'Athénagore. Nous n'avons pas d'autre témoignage écrit de son attribution au philosophe athénien. Philippe de Sida (430?) n'en parle pas. Le silence de Méthodius d'Olympe († 310 !) est plus étrange encore. Cet évêque dans son traité, loué par saint Jérôme, « περὶ ἀναστάσεως », ne cite pas l'ouvrage analogue d'Athénagore, comme ce serait naturel, mais sa *Supplicatio*[1].

---

[1] Cf. Arnould, *de Apologia Athenagoræ*, p. 11.

Mais, visiblement, l'auteur de cette *Supplicatio* est aussi l'auteur du *de Resurrectione*. D'abord, la fin du premier de ces ouvrages nous montre un esprit qu'inquiète le problème de la résurrection des corps[1] et qui semble prêt à en chercher la solution. Sa phrase : « ἀλλ᾽ ἀνακείσθω μὲν ὁ περὶ τῆς ἀναστάσεως λόγος[2] » peut se traduire : « Laissons tranquille, pour le moment, cette question ». Nous trouvons aussi des pensées et des citations communes aux deux ouvrages, par exemple : la doctrine de la création par le Verbe, celle de la Providence divine, cette idée que la mort et le sommeil sont jumeaux, et même cette citation de saint Paul : « Manducemus et bibamus, cras enim moriemur[3]. »

La langue est la même dans les deux traités, claire, avec le souci de la cohérence et de la logique, souci qui apparaît dans l'emploi fréquent des parenthèses servant à l'insertion de pensées nécessaires, mais brisant la tenue logique du discours[4].

Il reste donc que tout confirme la note d'Aréthas et qu'Athénagore est bien l'auteur du *de Resurrectione*.

Ce travail paraît avoir été un cours de professeur, il

---

[1] Il semble qu'on ait exagéré en voyant dans le passage cité une allusion au traité *de Resurrectione*. L'auteur ne parle que des ouvrages d'autres auteurs que lui-même et surtout de certains passages des philosophes païens favorables à sa thèse.

[2] *Supplicatio*, n° 36, col. 972.

[3] Cf. *Supplic.* n° 4, col. 899, n° 12, col. 914. *De Resurr.*, n° 14, coll. 1001, n° 17, col. 1068, etc.

[4] Cf. *Supplic.*, n°ˢ 1 et 2, col. 894. *De Resurr.*, n° 2, col. 977, etc.

en a toutes les allures, les divisions précises, le laisser-
aller oratoire qui permet les répétitions, les parenthèses
et même les élans d'éloquence. En outre, des passages
du texte confirment cette opinion. Dès la première page
il y est question d'un orateur et d'un auditoire : « Sic
qui veritatem docere vult, neminem possit de veritate
disserens (λέγων) docere, delitescente in audientium
(ἀκουόντων) animo falsâ aliquâ opinione et iis, quæ
dicuntur, obstante[1]. » Plus loin, il parle d'arguments
résumés au galop « quæ concise et cursim *dicta sunt* »
(εἰρημένα[2]). Ailleurs, une phrase nous révèle que ce
traité était vraiment une conférence de professeur, car
elle renvoie une étude plus longue à des spécialistes
minutieux, sinon à des polémistes voulant avoir raison
même dans les détails : « Sed uberiorem de his rebus
disputationem iis dimittamus qui singula deligentiùs
considerare volunt, aut vehementius dimicare eum
adversariis[3]. » Dans ce même passage il affirme encore
qu'il n'entend pas traiter la question à fond, mais la
résumer pour ceux qui sont présents, littéralement
« pour ceux qui sont en face de lui » (παρόντων).

Ce traité fut donc à l'origine une leçon d'apologétique.
Cette conclusion probable confirme l'hypothèse qui fait
d'Athénagore un philosophe chrétien, tenant école
libre à côté des écoles païennes officiellement créées à
Athènes, par l'empereur Marc-Aurèle.

Dans notre thèse, nous indiquerons d'abord comment
Athénagore construit sa *démonstration*, nous analyse-

---

[1] Cf. *de Resurr.*, n° 1, col. 975.
[2] *Id.*, n° 19, col. 1011.
[3] *Id.*, n° 23, col. 1019.

rons ensuite *les idées philosophiques et physiologiques* contenues dans ce traité, en essayant d'en marquer les *origines;* enfin, nous étudierons *quelle fut* et *quelle est encore* la valeur de cette démonstration.

ÉTUDE

SUR LE

Περὶ ἀναστάσεως

D'ATHÉNAGORE

CHAPITRE PREMIER

LA DÉMONSTRATION

§ I. — Réfutation des objections.

Athénagore commence par résumer son argumentation en une longue phrase que l'on peut ainsi traduire :

1. — Tout incrédule sérieux, ne se hâtant pas d'adopter témérairement une opinion inconsidérée, mais refusant son assentiment pour une raison valable et après une soigneuse recherche de la vérité, a le choix entre deux positions philosophiques seulement dans la question de la possibilité de la résurrection des corps. Ou bien il niera que Dieu soit la cause première des hommes (et alors on le réfute facilement), ou bien ayant admis le principe de causalité, il démontrera que Dieu ne *peut* pas ou ne *veut* pas rapprocher à nouveau les éléments dispersés du corps humain et leur rendre, avec la vie, leur forme primitive. La démonstration

d'Athénagore s'adressera seulement à ceux-là qui admettant un Dieu personnel et créateur, nient la possibilité de la résurrection des corps[1].

Il est probable qu'alors les philosophies négatives n'avaient pas sur les esprits sérieux l'autorité qu'elles ont aujourd'hui, puisque dédaignant de s'expliquer avec ceux qui ne reconnaissent pas la causalité divine, notre apologiste suppose admise la doctrine qui fait venir de Dieu tous les êtres. Et, dans cette hypothèse la négation des incrédules est gratuite.

En effet, un ouvrier est impuissant à exécuter une œuvre d'art, d'abord, s'il ne s'en est pas formé la représentation mentale, ensuite s'il manque de force ou d'habileté pour la réaliser[2]. C'est clair, car dans l'ordre pratique, à quoi bon des mains sans une intelligence qui les dirige, et que faire d'artistiques imaginations qu'on ne peut mettre en œuvre et réaliser?

Mais Dieu, l'ouvrier de la résurrection, n'ignore rien de la nature des corps, il connaît chaque membre dans tous ses détails, il sait où vont toutes les molécules après la putréfaction, et dans quels éléments de l'univers il les retrouvera. Comment en douter? C'est Dieu qui a créé ces corps, qui, à l'avance, en a trié les éléments, il pourra donc les retrouver et les remettre en leur ordre primitif, car il est plus difficile de créer un être que de le restaurer.

Et si l'on veut laisser de côté la création, applicable au premier homme seulement, la simple génération

---

[1] Athénag., *de Res. mort.*, n° 2, col. 978 (Migne). Cf. Pseudo-Justin, *de Resurr.*, n° 5 et 6, col. 1577, 1580, 1581.

[2] *Loc. cit.*, n° 2.

humaine suffit à démontrer que Dieu peut ressusciter les corps, et même cette preuve sera valable dans tous les systèmes. On peut donner au corps, comme premier principe, la matière première, les éléments ou la semence humaine[1]. Mais celui qui peut façonner l'informe matière en une figure si complexe et si harmonieuse, celui qui ramène à l'unité du corps humain les éléments primordiaux épars dans la nature, ou qui donne à une nature rudimentaire avec la vie la puissance de se développer et de s'organiser ; celui-là, sans doute pourra faire surgir en un être vivant les éléments corrompus qui composèrent cet être avant sa dissolution. Il pourra même, dans sa sagesse et sa puissance, reprendre à nouveau ces éléments primitifs après qu'ils auront été absorbés successivement par des séries entières d'animaux[2].

Cette preuve donnée par Athénagore, semble concluante aux Apologistes Aussi la retrouvons-nous poussée plus avant, dans le Pseudo-Justin[3]. Ce dernier sans préoccupations médicales — examine les grands systèmes phisolophiques du temps présent : le platonisme, le stoïcisme, l'épicurisme. Il a soin de s'appuyer sur

[1] On reconnaît ici : les *platoniciens :* tout est formé avec la hylé éternelle ($\xi\xi$ ὕλης); 2° les *stoïciens :* tous les êtres s'expliquent par des combinaisons d'éléments (στοιχεία); 3° la *nouvelle école médicale dogmatique :* une force d'accroissement (δύναμις αὐξητική) forme tous les êtres. Ce n'est que dans la troisième explication qu'Athénagore parle proprement de la génération et non de la création. Il sort de son hypothèse sans s'en apercevoir.

[2] *Loc. cit.*, col. 380

[3] Justin *Fragmenta*, col. 1582. I *Apol.*, col. 356-358. Cf. Tertull., *de Resurr. carnis*, col. 799-800.

leurs principes communs, notamment ceux de causalité et de finalité[1].

D'après Platon, dans l'univers il n'y a que la matière et Dieu ; pour Epicure tout s'explique par les atomes et le vide ; les stoïciens voient dans les êtres vivants des combinaisons de quatre éléments : le feu, l'air, la terre et l'eau.

Dans la théorie platonicienne la résurrection des corps est possible. Il y a d'abord Dieu l'ouvrier de la résurrection, puis la matière première qui sera comme la cire ou l'argile d'où le divin sculpteur tirera la statue. La cire fondrait-elle ou l'argile viendrait-elle à se désagréger, Dieu, souveraine intelligence et suprême puissance pourra, à son gré, repétrir cette cire ou cette argile et la modeler en sa primitive physionomie.

De même, dans la philosophie d'Epicure, pourquoi Dieu ne pourrait-il rassembler et coordonner les atomes pour leur donner la forme qu'avaient les corps avant de se dissoudre ?

Enfin, dans l'hypothèse stoïcienne, les choses ne vont pas autrement. Dieu pourra, selon sa fantaisie, réunir et combiner les quatre éléments qui avaient autrefois formé le corps humain, comme le fondeur peut à sa guise associer ou dissocier les métaux.

Rien ne reste donc de ces prétendues graves raisons contre la possibilité de la résurrection des corps et l'honnête Athénagore s'étonne que des philosophes sérieux aient accordé quelque créance à des objections dignes à peine du populaire.

---

[1] Just., *Fragmenta*, col. 1582, n° **6**.

Il faut savoir maintenant si Dieu qui *peut* ressusciter les corps, le *voudra* ou *pourra le vouloir*[1].

Qu'il le veuille, c'est un dogme révélé qu'Athénagore accepte[2] ; qu'il puisse le vouloir rien n'y s'oppose, et ceux-là qui vont murmurant que la résurrection des corps est une injustice ou qu'elle est indigne de Dieu ne peuvent justifier leurs affirmations frivoles.

Cette résurrection serait injuste si elle nuisait aux autres êtres ou au ressuscité lui-même. Mais à quel être cette opération divine causerait-elle un dommage ? Pas aux purs esprits assurément ; peu leur importe que l'homme existe en corps et en âme ou privé d'une de ses parties essentielles puisque cette existence humaine dans une nature intègre ou mutilée leur est extrinsèque et ne le prive d'aucune de leurs perfections. — Peut-être aux animaux sans raison et sans âme[3]? Mais après la résurrection ils n'existeront pas, et pour être lésé en ses droits légitimes il faut avant tout exister. Admettons cependant — ce doit être une concession à la doctrine de la métempsychose — que les bêtes soient immortelles. Dans cette hypothèse la résurrection ouvrira pour elles l'ère de la justice, puisque l'homme ressuscité, incorruptible et immortel, n'aura plus besoin d'elles et ne leur imposera plus le joug d'une pesante servitude.

[1] Athén., *loc. cit.*, col. 992.

[2] Cf. *etiam*, Just., I, *Ap.*, n° 52, col. 405. Tatien, *ad. Græc*, n° 6, col. 818.

[3] Gessner dans sa traduction a fait une équivoque : « οὐδέ τῶν ἀλόγων ἡ φύσις, οὐδὲ τῶν ἀψύχων veut dire : « nec etiam eorum que sine ratione et sine animâ sunt » et non « nec etiam brutorum et inanimorum naturæ », *loc. cit.*, col. 992. N'y a-t-il pas ici la même distinction entre l'esprit (νοῦς) et l'âme que nous retrouvons au n° 13 du même traité ?

Bien plus, si ces animaux pouvaient parler, ils n'accuseraient pas l'ordonnateur suprême parce qu'il les a placés au-dessous de l'homme et ne les a pas doués du privilège de la résurrection, car c'est la justice elle-même qui veut que des êtres de natures diverses aient des fins différentes.

Ce n'est pas davantage au ressuscité lui-même que Dieu portera préjudice. Tous admettent que vivre ici-bas dans un corps corruptible est un bienfait divin. Si c'est un bienfait pour l'âme d'être unie à un corps imparfait, son union à un corps incorruptible et immortel ne peut être une injustice. Quant au corps, sa conformation glorieuse sera un inappréciable bienfait. En résumé, Athénagore veut dire qu'on ne commet pas une injustice en faisant millionnaire un mendiant en haillons.

Cette autre affirmation : que la résurrection des corps est indigne de Dieu est une frivolité qu'il est inutile de discuter. Si la création de l'homme n'a pas été indigne de Dieu, son perfectionnement par la résurrection le serait-il ? S'il en était ainsi, il faudrait reprendre une comparaison d'Athénagore [1] et dire que le statuaire se déshonore en modelant son bloc de terre glaise en figure humaine.

Ainsi tombe définitivement cette objection que Dieu, malgré son omniscience et son omnipotence, n'a pas le droit de vouloir et de réaliser la résurrection des corps.

2. — Mais tous ces raisonnements se perdent dans

[1] *Loc. cit* , n° 9, col. 989. Cf. Justin, *Fragm.*. n° 5, col. 1581.

les nuages, auraient pu dire et disent en effet les incrédules, ils ne peuvent valoir contre des faits naturels
qui rendent la resurrection des corps impossible *pra-
tiquement*[1].

Les hommes péris en mer, noyés dans les fleuves, tués
dans les batailles, en un mot, tous ceux qui furent pri-
vés de sépulture deviennent la proie des poissons ou des
fauves. Or, il est impossible de retirer du corps de ces
animaux les éléments humains transformés par l'assimilation. Il y a plus : les bêtes qui dévorent des cadavres humains servaient, à leur tour, de nourriture aux
hommes, elles devinrent notre chair, et par là, des molécules ayant appartenu à certaines personnes appartiennent à d'autres personnes. Ce fait est plus frappant
encore depuis ces tragiques aventures où des pères man-
gent leurs enfants, comme dans l'effroyable festin de
Thyeste.

De ces observations sort une conclusion invincible :
la résurrection des corps est impossible, puisque une
même cellule humaine ne peut avoir deux propriétaires simultanés.

L'objection est très embarrassante, surtout depuis
que les sciences naturelles ont demontré que nos corps
se refont sans cesse et que, comme on l'a dit pittores-
quement, chacun peut espérer être le propriétaire de
quelques-unes des molécules qui furent jadis la langue
de Cicéron ou le nez de César.

Athénagore la résolvait très aisément, grâce à une

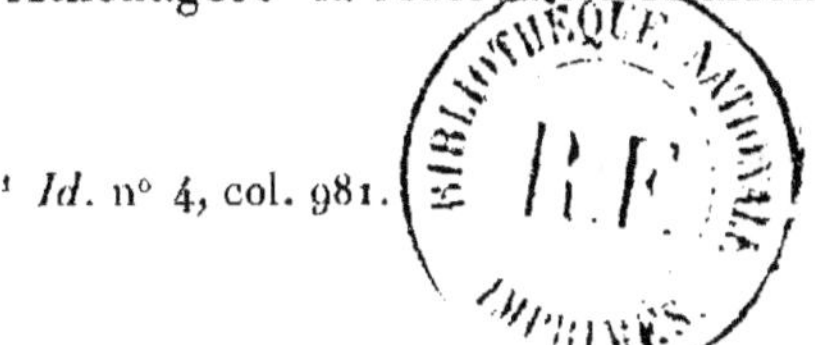

---

[1] *Id.* n° 4, col. 981.

théorie très simple — et très personnelle — des fonctions
de la digestion et de l'assimilation.

Le travail de la digestion, nous dit-il[1], se fait en
trois opérations successives qui séparent les parties assimilables de celles qui ne le sont pas. La première cuisson des aliments (πέψιν) se fait dans les intestins. La
seconde et la troisième dans le foie (ἐν ἥπατι) et, par le
foie, [il faut entendre ici tout l'appareil digestif sauf
les intestins. Le seul résidu demeurant après la troisième cuisson s'assimile, le reste passe dans le ventre et
est rejeté. En somme, à travers une physiologie rudimentaire on arrive à cette conclusion rudimentaire: tout
ce qu'on absorbe ne s'assimile pas.

Quel est l'instrument de cette assimilation ? C'est le
sang et les humeurs, comme on l'affirmait au temps
d'Athénagore[2]. Mais il semble que ni le sang ni les
humeurs ne fassent partie de la substance vivante. Les
trois cuissons successives sont de simples transformations chimiques, le sang lui-même est un liquide inanimé dont quelques éléments deviennent part consti-
tuante de la substance vivante après leur contact, en
temps et lieu propices, avec la chair vivante. Ce serait
comme une série de canaux qui vont verser aux plantes
d'un jardin l'eau qui les fera grandir. « En effet, dit-il,
quand même les aliments (inassimilables et funestes,
par exemple la chair humaine) seraient élaborés et

---

[1] *Id*. n° 5, col. 981-983.

[2] Theop. d'Ant. « πρός Αὐτολύκον » lib 1, n° 13, col. 1044, « Ἀλλὰ
ἐρεῖς· Ex τροφῶν καὶ χυμῶν ἐξαιματουμένων. Καλῶς. Les aliments sont
devenus du sang, et le sang devient chair puisque, grâce à lui,
« πάλιν ἀπέλαβές σου τὸ σομᾶ »...

deviendraient quelque chose d'humide ou de sec, de
chaud ou de froid, il ne s'ensuivrait pas que ces éléments ainsi obtenus ressusciteront, car les corps ne
reprendront que les molécules leur appartenant en
propre et aucun des aliments contraires à notre nature
ne lui appartiennent en propre. D'ailleurs (après la
résurrection), la vie ne dépendra plus du sang, des
humeurs, de la bile ou de l'air respirable[1]. » Ainsi, le
sang et les humeurs ne font pas partie de la substance
vivante qui seule ressuscitera ; on peut donc admettre
qu'ils pourront contenir des éléments inassimilables
appartenant à d'autres personnes. Après cette théorie
physiologique, Athénagore émet un principe général :
« Chaque animal a une nourriture conforme à sa nature et désignée par la sagesse divine[2]. Cet axiome est
prouvé par la théorie pseudo-scientifique plus haut
exposée. Puisqu'il faut trois cuissons successives pour
rendre la nourriture assimilable et que tout ce qui ne
nourrit pas est nuisible à la santé, comme on en a la
preuve dans les maladies qui viennent toutes de l'influence délétère d'aliments corrompus séjournant dans
le corps[3], il faut qu'un certain aliment seul soit naturel

[1] Maran *(Præfatio,* cap. ix, n° VII, col. 72-73) soutient qu'Athénagore n'exclut pas le sang de la résurrection et se borne à affirmer qu'il ne sera plus nécessaire à la vie des corps glorifiés.
Nous croyons que la pensée d'Athénagore va plus loin, si l'on
accepte notre idée du sang inanimé dans un corps vivant. D'ailleurs, si le sang est vivant, comme les autres humeurs, comment
admettre que des aliments contraires à la nature et transformés
en quelque chose d'humide (humeurs ou sang) ne ressusciteront
pas !

[2] « ἑκάστου Ζώου φύσει καὶ γένει τὴν προσφυῆ καὶ κατάλληλον συναρ-
μόσαντος τροφήν » *loc. cit.,* n° 5, col. 981.

[3] *Id.,* col. 984, *in fine,* et 985.

à chaque espèce. Or, cet aliment ne peut être d'une nature contraire à la nature du corps qu'il doit nourrir, car alors l'assimilation serait impossible, puisque les contraires s'excluent. Donc, la chair humaine ne peut s'assimiler à la chair des animaux sans raison. »

En résumé, voici l'argument d'Athénagore : L'observation scientifique[1] démontre que tout aliment ne s'assimile pas. Il y a donc un aliment exclusif à chaque être vivant. Mais cet aliment ne peut avoir une nature contraire à la nature de celui qui est nourri. Donc les hommes ne peuvent nourrir les bêtes.

Mais Athénagore songe à la réponse qu'on peut lui faire aussitôt : « Alors la chair humaine est l'aliment naturel des hommes[2] » et, au jour de la résurrection, les anthropophages auront dans leur corps des molécules appartenant à ceux qu'ils dévorèrent. L'objection reste aussi forte qu'avant la « scientifique » démonstration faite plus haut.

Pour détruire cette instance qui a l'air de l'embarrasser, notre philosophe en appelle au sens commun et raille ces diseurs de frivolités qui, pour être conséquents avec leurs affirmations, devraient se nourrir de la chair de leurs meilleurs amis et régaler leurs intimes de ceux qu'ils aiment le mieux[3]. Après en avoir ainsi appelé au sens commun pour reprouver l'anthropophagie, il réédite son principe : ce qui est con-

[1] Il dit des incrédules : « μηδὲ τὴν ἑκάστου τῶν τρεφόντων ἤ τρεφωμένων ἐπεσκέφθαι δύναμίν τε καὶ φύσιν », *l. c.*, col. 984, ἐπεσκέφθαι = considérer attentivement.

[2] *Loc. cit.*, n° 8, col. 998-989.

[3] *Loc. cit.*, n° 8, col. 989.

traire à la nature d'un corps ne peut pas le nourrir.

En tout ceci, la façon de raisonner d'Athénagore est un peu touffue et emmêlée. Il ne prouve son principe de l'aliment naturel exclusif à chaque espèce que par une affirmation de la sagesse du Créateur et par une théorie scientifique trop personnelle. Il semble aussi contraint d'en appeler au sens commun et à la plaisanterie pour échapper à son aphorisme : qu'une nature donnée ne se peut nourrir que par un aliment de même nature. Il est cependant content de lui-même, puisqu'il termine galamment par ces mots : « Nous en avons assez dit, la question est résolue, au moins pour ceux qui ne sont pas la moitié d'une bête » (μιξοθήριοις).

Nous ne sommes pas les premiers à remarquer la faiblesse de cette réponse d'Athénagore. Le « Parisinus » a une glose marginale[1] écrite par Aréthas lui-même. En voici la traduction[2] : « Solution de ces sortes de difficultés, par Aréthas. Si ce qui est pris en nourriture restait sans changement chez l'être vivant, l'objection aurait quelque prise et créerait une difficulté au sujet de la reconstruction du corps ressuscité. Mais du moment que la nourriture s'introduit dans l'individu à la façon des eaux d'un fleuve et y remplace ce qui s'élimine des éléments composants, au point que le même individu reste, sans augmentation, ce qu'il

---

[1] Gr. Texte und Untersuchungen zur Geschischte der altchristlichen Litteratur, von Oscar von Gebahrt und Adolf Harnack, I Band Heft, 1 et 2 dans le *Die Uberlieferung der Griechieschen Apologeten des 11 Jahrunderts. ... von Harnack*, p. 35 et 36.

[2] Cette traduction est due en partie à un savant professeur de la Faculté catholique des lettres de Lyon.

était hier, quelle difficulté y a-t-il pour celui qui a
donné à chacun de nous le principe de notre compo-
sition et qui, ensuite, l'entretient par des éléments
apparentés et assimilables, à prévoir notre reconsti-
tution en des éléments étrangers, puisque après notre
dissolution nous ne serons pas confondus avec ces
éléments dont nous étions composés. » Cela revient à
dire que la quantité par elle-même n'est pas principe
d'individuation, mais limitation externe de la personne,
son signe, comme dit l'Ecole. Donc, une quantité quelconque unie à l'âme pourrait, d'après Aréthas, recon-
stituer une personne identique à celle qui existait
avant la séparation de l'âme et du corps.

§ II. — Les convenances.

Athénagore ne s'est pas préoccupé de développer des
convenances en faveur du dogme de la résurrection des
corps. Son dessein de fournir une démonstration purement philosophique et d'une valeur absolue explique
son dédain pour les exemples ou les comparaisons plus
poétiques que solides données en si grande abondance
par les écrivains ecclésiastiques contemporains. Nous
ne trouvons dans son traité que trois comparaisons :
la puissance divine tire d'une cellule un organisme
vivant, elle peut donc réunir à nouveau les éléments
humains dispersés et en refaire un corps vivant[1] ; Dieu
est comme le potier, de la matière il peut tirer les êtres
qu'il choisit, comme l'artisan modèle sa glaise à sa

[1] *Loc. cit.*, n° 3, 980 et n° 17, 1007.

fantaisie[1] ; enfin le sommeil est une image de la mort, l'un et l'autre ne sont pas une destruction irrémédiable de la personne, qui reprendra la vie comme elle reprend, après son sommeil, conscience d'elle-même[2]. Notre apologiste semble laisser aux autres écrivains chrétiens le soin de développer ces convenances. Ils n'y ont d'ailleurs pas manqué. Il est intéressant de les noter au passage, ne serait-ce que pour savoir la différence entre leurs procédés oratoires et les prétentions philosophiques de notre auteur.

Tertullien voyait dans certaines mœurs populaires une manifestation de la croyance à la résurrection de la chair. « La foule, dit-il, se moque d'un pareil dogme, elle pense qu'après la mort tout est mort. Et, malgré cette affirmation de notre retour au néant, on sert à grands frais des repas aux défunts, repas où l'on varie les mets selon les saisons et suivant les habitudes qu'avaient les morts de leur vivant. Est-ce que ceux qui les disent insensibles croiraient encore à leur appétit[3]. »

En réalité, il y a là un sentiment commun, écho affaibli de la révélation primitive, et le pseudo-Justin le démontre par l'autorité des philosophes et des poètes. Il cite dans sa « Cohortatio ad Græcos[4] » un curieux passage où Platon raconte les confidences d'un ressucité revenu des enfers. Un soldat avait été tué dans une bataille. Douze jours après sa mort, on allait le

---

[1] *Loc. cit.*, n° 9, 990.
[2] *Id.*, n° 16, 1006-1007.
[3] *De Res. carnis*, col. 795 (Migne).
[4] Justin, *Cohort. ad G.*, col. 290-291, n° 27.

porter au bûcher funéraire quand, subitement, il revint
à la vie. Alors, on lui demanda dans quelle région du
Tartare se trouvait l'illustre Aridée, ce parricide et
fratricide tyran d'une cité de Pamphylie. Voici sa
réponse : « Je l'ai vu parmi d'autres rois, vieux scélé-
rats comme lui. Ensemble, ils s'avançaient peu à peu
vers la sortie des enfers pour essayer de s'évader. Mais
dès qu'ils arrivaient au seuil fatal, la bouche des
Enfers jetait un mugissement effroyable. A ce bruit
surgissaient des hommes féroces et tout en flammes
qui les saisissaient, les jetaient à terre, leur liaient
mains et pieds, et les déchirant aux ronces du che-
min les entraînaient bien loin de la sortie infernale [1] ».
De ce récit, saint Justin conclut que Platon admettait
la résurrection des corps, car ajoute-t-il, « comment
cet Aridée et ses compagnons qui avaient laissé en
terre leurs corps et tous leurs membres, auraient-ils pu
subir cette torture physique ». Évidemment, ce n'était
point par métaphore qu'on enchaînait et déchirait
ces malheureux !

A ce témoignage, l'apologiste en ajoute un plus
antique encore, celui d'Homère. C'est Ulysse qui dans
l'Odyssée, raconte à Alcinoüs une de ses visions au
séjour des morts. « J'ai vu, dit-il, Tityus le fils de la
terre glorieuse, gisant sur le sol, son corps couvrant
neuf arpents, et des vautours l'entourant de tous côtés,
lui dévoraient le cœur [2] ». Or, par le mot ἧπαρ on ne
désigne pas l'âme mais un organe du corps. Il était

---

[1] Plato, *de Ress.*, X.
[2] Odyss., XI, 576...

donc nécessaire que ce corps, sans cesse dévoré, fût ressuscité [1].

Il était plus difficile d'invoquer en faveur de la résurrection des corps l'autorité des autres philosophes. Tertullien dit simplement que c'est impossible : « Nihil esse post mortem Epicuri schola est. Ait et Seneca omnia post mortem finiri, etiam ipsam. Satis est autem si non minor Pythagoræ et Empedocli [2]. » Cependant Tatien observe un indice de cette croyance à la résurrection des corps dans le système des stoïciens. Ceux-ci admettent une série de rénovations successives de l'univers. Il arrivera donc, d'après eux, que le corps, portion de l'univers, sera renouvelé et rétabli en sa forme primitive [3].

Mais si les philosophes sont peu affirmatifs, le spectacle de la nature suggère d'innombrables convenances en faveur du dogme de la résurrection de notre corps. Ce qui frappe d'abord, c'est la propagation indéfinie de la vie malgré la mort des vivants. Le père ressuscite dans son fils, le grain jeté en terre y meurt et retrouve une vie géométriquement progressive dans les épis, le fruit sort de l'arbre, nos chairs mortes revivent quand revient la santé [4].

Les êtres inanimés eux-mêmes sont soumis à la loi de la rénovation successive, image de la résurrection définitive. La nuit alterne avec la lumière. Les étoiles

[1] Just., *Cohort.*, n° 28, col. 291.
[2] Tertull , *de Resurr. carnis*, col. 795-796.
[3] Tatien, *Oratio*, n° 6, col. 817.
[4] Justin, I, *Ap.*, 356-358 Pseudo-Justin, *de Resurr.*, c. 1579. Théophyle, *ad Aut* , l. I, n° 13, 1041. Tertull , *loc. cit.*, n° 52.

ont un soir et un matin, la lune a ses phases mensuelles. Périodiquement les saisons reparaissent, et la terre voit tour à tour les arbres flétris reprendre leur verdure, s'épanouir les fleurs fanées et les gazons desséchés reverdir[1]. En un mot, tout, dans les trois règnes de la nature, est un symbole de la résurrection de notre chair, et cette résurrection convient merveilleusement à cette loi de l'harmonie universelle qui veut que tout meure et renaisse. Mais voici l'exemple topique, d'après Tertullien : « accipe plenissimum atque firmissimum hujus spei (resurrectionis) specimen. » Il y a un oiseau d'Orient dont la destinée singulière est célèbre et qui se fait une postérité d'une étrange façon, c'est le phénix qui en se brûlant se redonne la vie. Quoi de plus expressif de notre résurrection future ? Comment la mort des hommes pourrait-elle être définitive, alors que des oiseaux d'Arabie sont assurés de revivre[2] ? »

Ces convenances sont plus oratoires que philosophiques, aussi les apologistes ne s'en contentaient pas. La plupart fournissaient des arguments péremptoires qu'ils puisaient dans la Révélation[3]. Mais seul notre Athénagore a prétendu fonder ce dogme sur la raison pure, nous allons examiner comment il mettait en œuvre sa prétention.

[1] Tertull., *id.*, col. 810. Théop., *id.*, I, 13, 1041-1044.
[2] Tertull., *loc. cit.*, col. 810.
[3] Cf. Tatien, *Orat.*, nº 6, col. 818. Justin, I, *Ap.*, nº 52, col. 405. Pseudo Justin, *de Resur.*, c. 1583-1586. Tertull., *de Res. carnis*, cap. xxii à lii.

§ III. — **Les Arguments positifs.**

Il faut observer, d'après Athénagore [1], que résoudre les objections n'est que le rôle secondaire de l'apologétique, avant tout elle doit établir la vérité. En réfutant les objections on peut ramener au vrai les quelques esprits qu'elles troublèrent et jetèrent hors de la voie, mais c'est pour la sécurité et le salut de tous qu'il importe de démontrer, par des données purement rationnelles, la vérité de la solution du problème de la résurrection des corps.

On peut apporter quatre preuves métaphysiques qui se déduisent : De la raison d'être de l'homme. De sa nature. Des exigences de la Providence divine. De la fin de l'homme.

1. — L'homme a-t-il une raison d'être ?

Oui. Un ouvrier de bon sens ne fait rien pour rien. A plus forte raison Dieu, dont nous sommes l'œuvre et qui est la sagesse même, a-t-il donné une raison d'être à notre vie [2].

Où se trouve cette raison d'être? Au dedans de nous-mêmes ou au dehors. Et si notre raison d'exister nous est extrinsèque, elle sera en Dieu ou dans les créatures qui composent l'univers.

Mais Dieu n'a pas besoin de l'homme, puisqu'étant la cause première il est l'être absolu et infini. Ce n'est

[1] *Loc. cit.*, n° 11, col. 994.
[2] Cette preuve était alors familière, nous la retrouvons en substance dans Clément, d'Alexandrie, *Pædag.*, l. I. ch. iii.

donc pas pour lui que nous existons. Cela ne veut pas dire, remarque Athénagore, que l'homme n'est pas fait pour Dieu, car nous savons que Dieu est principe et fin de toutes choses. Mais il faut raisonner sur un attribut divin en faisant abstraction de tous les autres[1]. Tout cet argument se fonde sur la distinction entre la fin objective et subjective de l'homme. Objectivement notre fin c'est Dieu, subjectivement c'est notre bonheur, procuré par la jouissance de Dieu. Ici on a seulement en vue notre fin subjective.

L'homme n'a pas non plus été fait par un Créateur, pressé par le besoin d'agir inhérent à sa nature bonne par excellence et contrainte à l'action par l'amour. Dieu est lui-même le terme de sa volonté et de son amour.

Serait-ce donc pour les créatures inférieures que l'homme a été créé? Non, certes, puisqu'une loi métaphysique confirmée par l'observation de la nature veut que les êtres soient snbordonnés les uns aux autres selon le degré de leur perfection. En appliquant cette loi, on conclut que la raison étant la perfection suprême des créatures, l'homme est le premier des êtres et que l'univers est fait pour lui.

Le Créateur n'a pas besoin de l'homme, et l'homme n'est pas fait pour les créatures, de ces deux principes on conclut que c'est en lui-même que l'homme a sa raison d'être et qu'il est créé pour arriver à son bonheur personnel.

Ce bonheur ne peut être que la permanence dans

____

[1] N° 12, col. 995-997, *loc. cit.*

l'existence puisque le premier des biens, c'est la vie. L'animal n'a qu'une vie passagère parce qu'il n'est pas à lui-même sa raison d'être étant fait pour l'homme. L'homme aura une vie immortelle parce qu'il est à lui-même sa raison d'être, et que, sa raison d'être ne finissant jamais, lui-même ne finira jamais.

Un exemple éclaire cet argument obscur pour des esprits peu accoutumés aux subtilités dialectiques des platoniciens. L'homme qui se construit une demeure travaille pour un de ses besoins urgents. Quand il bâtit des écuries à ses bœufs et à ses chameaux, c'est l'intérêt de ses bêtes qu'il cherche directement, mais indirectement c'est son propre intérêt qu'il poursuit. Au contraire, quand le père engendre un fils il ne recherche que l'intérêt de sa progéniture et il n'a pas l'intention de tirer de son enfant un profit quelconque pour lui-même ou pour les siens [1].

Dieu est ce père de famille, il a fait l'homme sans calcul intéressé. Mais le père humain ne peut donner à ses fils qu'une immortalité relative, ce n'est pas sa personne, c'est sa vie qui se perpétue en passant à ses fils et petits-fils, — comme cette flamme que les coureurs antiques se passaient l'un à l'autre — Dieu, notre père, donne à ses enfants l'immortalité absolue et personnelle.

Mais, ce fils de Dieu, l'homme, est un composé dont les parties constitutives sont l'âme et le corps. Or, c'est l'homme qui doit durer toujours, donc l'âme et le corps dureront toujours. L'âme est immortelle, la raison le

<hr>

[1] *Loc. cit.*, n° 12, col 995.

démontre, mais l'expérience prouve qu'elle se sépare
du corps et que pour un temps, au moins, l'homme
n'existe plus. Mais l'ordre de l'univers doit être gardé
et il faudra qu'à nouveau l'âme vivifie le corps et que
l'homme ressuscite. D'où il suit, en dernière analyse,
que la mort est un simple changement accidentel, semblable à la transformation de l'enfant en adolescent,
puis en adulte. L'enfant et l'adolescent disparaissent,
l'homme demeure. De même, le corps se dissout un
instant, mais il faut qu'il ressuscite, puisque l'homme
doit demeurer perpétuellement[1].

En résumé, cet argument se formule ainsi : nous
avons été faits pour vivre et notre vie doit être conforme à notre nature, c'est-à-dire corporelle et spirituelle. La mort de notre corps ne peut être que passagère, il ressuscitera, c'est une nécessité, puisque nous
devons vivre toujours et vivre par toute notre personne.

Aujourd'hui, on ne reconnaît plus à cet argument
une valeur démonstrative, à peine y peut-on voir une
sérieuse convenance. Il a le premier tort de porter
en entier sur une notion philonienne de la divinité — ou
plutôt Athénagore raisonne comme s'il en était ainsi,
puisqu'il admet formellement la paternité divine[2], si
bien affirmée dans l'Evangile — Dieu semble ici être
conçu comme l'être transcendant sans contact possible
avec la créature, son deuxième tort est de conclure à
l'exigence absolue de notre vie et de notre vie intégrale.
Il y a un peu d'exagération à ne voir dans la mort qu'un

[1] *Id.*, n° 15, col. 1004 ; n° 16, col. 1005-1008.
[2] εὔδηλον ὅτι κατὰ μὲν τὸν πρῶτον καὶ κοινότερον λόγον, δια ἑαυτὸν...
ἐποίησεν ὁ θεός τὸν ἄνθρωπον, n° 12, c. 997.

changement aussi accidentel que la métamorphose d'un
adolescent en adulte; en réalité, elle détruit la personne
humaine. Et si Dieu veut que l'homme meure, pourquoi serait-il obligé de le ressusciter ? Ne pouvait-il le
faire d'emblée immortel en corps et en âme ? On devrait
même affirmer qu'il serait logique et nécessaire que
Dieu eût fait l'homme immortel par nature et immortel
en corps et en âme, si l'argument d'Athénagore avait
la valeur métaphysique qu'il lui accorde. On le voit,
même en acceptant la notion confuse du mot φύσις, il
faut insérer dans la trame de cette démonstration les
notions de justice providentielle, de mérite et de démé-
rite, de récompense ou de châtiment et surtout éclai-
rer toutes ces données par la doctrine du péché origi-
nel. Sans ces idées, la démonstration n'a qu'une force
contingente, elle ne presse que des esprits habitués à une
spéculation aussi spéciale que la métaphysique néo-
platonicienne.

Athénagore semble bien avoir soupçonné cette faiblesse de sa preuve, car, malgré son affirmation que
seul cet argument, aidé de celui déduit de la considération de la nature humaine, est catégorique dans la question présente[1], il joindra à ces arguments celui tiré de
la fin, objective de l'homme et surtout de la justice providentielle qui se doit à elle-même de punir le vice et
de récompenser la vertu.

2. — Le second des arguments péremptoires d'Athénagore est celui que fournit une analyse de la personne

[1] *Loc. cit.*, n° 14, c. 1001.

humaine. L'homme, dit-il, est un composé de corps et d'âme. Ce corps et cette âme n'ont pas reçu l'être et la vie séparément et l'un après l'autre, mais simultanément et par le même acte qui a rendu vivante la personne elle-même[1]. De sorte, que ce n'est pas l'âme ou le corps qui vit, mais tel homme, c'est-à-dire la personne. La preuve de cette unité de l'être vivant, c'est que toutes les actions et toutes les souffrances sont attribuées à la personne. Donc, tous les actes, c'est-à-dire dans le cas présent, tous les moyens nécessaires à l'obtention de notre fin, sont attribuables à un principe unique, ils doivent aussi se rapporter à une fin unique, laquelle fin comme les actes qui permettent de l'atteindre, devra être la fin de la personne et non pas d'une des parties constitutives de la nature humaine. Cette personne, quand elle atteindra sa fin, devra être identique à la personne, unique centre d'attribution des moyens conduisant à cette fin, elle devra donc être une personne ayant, comme parties constitutives de sa nature, un corps et une âme. Ainsi, le corps devra ressusciter pour que la personne humaine jouisse de sa fin[2].

Notre philosophe consolide sa preuve par une autre considération : la pensée, dit-il, ne nous a pas été donnée seulement pour la platonique considération de l'intelligible ou de l'essence des choses, mais encore pour comprendre la sagesse, la justice et la bonté du Créateur. Or, le créateur est éternel et avec lui ses attributs divins. Donc, quand même les intelligibles et

---

[1] Ici Athénagore suit Aristote et nie la préexistence des âmes qu'Origène déduira de Platon.

[2] *L. cit.*, n° 15, col. 1004.

les essences s'évanouiraient comme des rêves de notre esprit, notre pensée aurait dans la contemplation de Dieu sa raison d'être, et d'être à jamais, puisque Dieu ne passe pas. Mais — ici le sophisme ou plutôt l'erreur naïve se découvre — où sera la raison quand l'homme ne sera plus[1]? Elle périra avec la personne, car celui qui reçoit l'esprit et la raison, c'est l'homme et non l'âme en tant qu'âme[2]. Alors revient la conclusion déjà tirée, puisque la raison doit durer toujours, qu'elle ne peut durer que dans la personne humaine intégrale, le corps ressuscitera sinon l'homme ne pourrait exister.

D'ailleurs, si l'homme tout entier ne devait pas demeurer, pourquoi notre âme serait-elle enchaînée à un corps misérable, et pourquoi notre corps serait-il ce coursier tenu en bride par une âme qui lui fait rudement sentir le mors quand il veut s'élancer vers les biens terrestres, objets de ses convoitises[3]? Pourquoi cette lutte intestine et quel gain résultera-t-il de la soumission du corps aux directions de l'âme, si ce corps doit périr à jamais? Cette lutte est inutile comme sont inutiles la vertu et la soumission aux lois, comme est inutile elle-même la création de la nature humaine. Mais puisque rien n'est inutile dans les œuvres du

[1] ταύτην (κρίσιν) δέ διαμένειν ἀδύνατον, μὴ τῆς δεξαμένης αὐτὴν καὶ τῆς ἐν οἷς ἐστι διαμενούσης φύσεως, nᵒ 15, 1004, *in fine*.

[2] Il résulte qu'ici Athénagore distingue le corps, l'âme et le νοῦς qui est âme de l'âme, ce serait un espèce de trichotomisme platonicien.

[3] Rien ne montre mieux l'éclectisme philosophique de notre auteur, que cette théorie de l'âme cavalier du corps, essentiellement platonicienne et qui se trouve d'après le raisonnement même où l'on rencontre la théorie d'Aristote sur l'origine des âmes.

Créateur, à la durée sans fin de l'âme doit répondre l'immortalité du corps, donc sa résurrection[1].

Encore ici, nous constatons un singulier fléchissement de la pensée théologique dans un auteur chrétien, ce qui s'explique par sa préoccupation de rester sur un terrain purement philosophique. Les raisonnements rapportés ci-dessus semblent indiquer que l'âme est bonne en elle-même et que du corps seul naissent nos tendances vicieuses. En effet, dire que si le corps ne doit pas ressusciter, l'âme n'a que le laisser suivre ses instincts, c'est affirmer que l'âme — immortelle — est bonne et que les passions mauvaises du corps ne peuvent l'atteindre et la souiller. C'était le principe des gnostiques et l'on peut saisir sur le fait le procédé logique, dont l'abus conduisit les chrétiens platonisants à la gnose et à ses distinctions entre hyliques, psychiques et pneumatiques.

En fin de compte, malgré l'éloquence de l'argument, l'esprit avait sa pierre d'achoppement dans ce fait si ordinaire de la mort inévitable, fait qui s'impose même au philosophe raisonnant dans les régions supérieures des essences et des possibles. Mais Athénagore s'arrangeait pour que ce fait ne dérangeât point son système. D'après lui, il fallait distinguer trois espèces de durée : celle des purs esprits, toujours identique à elle-même, conforme dans sa nature à la nature des êtres qu'elle qualifie et immuable comme elle ; ensuite, celle des animaux sans raison, durée de qualité inférieure et très courte ; enfin, celle des hommes qui tient un juste mi-

---

[1] *Loc. cit.*, n° 15, col. 1005.

lieu entre celle des purs esprits et celle des purs animaux, puisqu'elle est brève dans sa période terrestre
et éternelle dans sa période céleste.

D'où il suit que la mort, cause des caractères distinc-
tifs de la vie humaine, n'est qu'un changement accidentel
comme le sommeil, son frère, au dire des poètes[1]. La
comparaison est d'ailleurs très juste. Quand nous dor-
mons, nous perdons l'usage de nos sens, mais nous
comptons avec assurance sur un prompt réveil. De
même, la mort nous prive pour un temps, triste pour
l'homme comme la nuit, de l'usage de notre corps Mais
la résurrection sera l'aube renaissante qui nous redon-
nera la vie intégrale nécessaire à notre nature humaine,
comme la lumière à nos yeux. Et, tout bien considéré,
la mort n'est que le dernier des changements qui affec-
tent notre corps. La cellule primitive évolue, devient
tour à tour l'enfant, l'adolescent, le vieillard, le cadavre. Mais ce cadavre reprendra une vie plus éclatante
quand il ressuscitera pour l'éternité[2]. Il me semble
que l'idée d'Athénagore serait exprimée d'une manière
adéquate si l'on disait qu'il n'y a dans cette évolution
qu'un phénomène semblable à la transformation successive de la hideuse chenille, en inerte chrysalide et en
splendide papillon.

On peut résumer tout cet argument un peu filan-
dreux, dans ce sorite. Les actes humains sont les
moyens nécessaires à l'obtention de notre fin. Or, ces
actes, ces moyens, sont tous attribuables à la personne.

---

[1] *Loc. cit.*, n° 16, col. 1005-1008.
[2] *Id.*, n° 17, col. 1008.

Donc, la fin est attribuable à la personne, puisque la fin répond aux moyens. Mais dans la personne se trouvent l'âme et le corps. Donc, la fin atteindra l'âme et le corps et, pour cela, le corps ressuscitera.

Cet argument n'est aussi qu'une convenance. On peut lui faire de sérieux reproches : 1° De mal comprendre le mode d'union de l'âme et du corps, il n'admet qu'une union accidentelle alors qu'elle est substantielle ; 2° de confondre les notions de nature et de personne et de faire la personne absolument immuable. Si la nature humaine, malgré la diversité de son action, reste identique à elle-même, le corps au contraire est fluent, sa quantité croît ou décroît selon les circonstances et même toute sa quantité peut disparaître et être remplacée par une quantité nouvelle. D'où tel acte, fait à l'aide d'une quantité donnée, peut être récompensé en une personne où cette quantité donnée a disparu, ce qui enlève toute valeur à l'argument d'Athénagore ; 3° de poser une certaine distinction arbitraire entre les trois durées ; peut-on comparer des esprits immortels, des animaux périssables à des hommes mortels et immortels tout ensemble dans leur corps ? Cela paraît exagéré et amené par la nécessité de la preuve. Nous aurons à montrer l'équivoque produite par l'emploi du mot φύσις.

3. — Nous rencontrons alors le troisième argument, celui, dit le philosophe content de sa métaphysique, qu'on a tort de donner comme primordial et capital dans la question, puisqu'il vient logiquement après les deux autres et tire d'eux toute sa force démonstrative [1].

[1] *Loc. cit*, n° 18, col. 1009 ; cf , n° 14, col. 1001.

La justice providentielle exige la résurrection afin que chacun reçoive la récompense de ses mérites et le châtiment de ses fautes. Et tout de suite Athénagore remarque que cet argument ne peut être absolu, car les enfants morts avant l'âge de raison ne sont point soumis à un jugement, puisque chez eux les péchés ou les bonnes œuvres n'ont pas existé. Cependant nous savons qu'ils doivent ressusciter, et c'est la preuve que la résurrection des corps n'est pas absolument nécessitée par un jugement à subir [1]. Mais, cette exception mise à part, la résurrection s'impose à tous.

Admettre un Dieu créateur, c'est supposer un être parfait, donc sage et juste. Mais s'il est juste il *doit* [2] récompenser ou punir l'homme selon ses actes. Avoir faim est une nécessité pour une nature vivante qui ne peut subsister qu'en s'assimilant une nourriture, la mort est une nécessité pour un être vivant dans le temps et n'ayant qu'une durée contingente ; de même, un jugement divin est une nécessité pour une nature raisonnable et libre.

Pour un homme, manger, mourir, être jugé par Dieu, sont des nécessités de même ordre, des nécessités de nature. Mais c'est l'homme qui se nourrit, l'homme qui meurt, c'est donc l'homme qui sera jugé, et son corps ressuscitera, puisque sans lui il n'y a pas de personne humaine.

Il serait d'ailleurs injuste qu'une seule des parties constitutives de l'homme fût jugée, puisqu'elle ne porte

---

[1] *Loc. cit*, nᵒ 14, col. 1001.

[2] ἀνάγκη δήπου... ἐπὶ τοῦτο φέρεσθαι καὶ τὴν δίκην, nᵒ 18, col. 1009.

pas seule la responsabilité des actes de la personne. En
effet, l'âme considérée abstractivement, n'est pas responsable des voluptés, des gourmandises, des vanités
du corps ; et ce corps lui-même peut-il savoir ce qu'est
la loi et la justice, lui qui n'a pas la raison et la conscience ? La justice exige donc que l'homme soit
jugé en corps et en âme, donc son corps ressuscitera.

Si l'on rejette cette dernière conclusion, comment
résoudre ce douloureux problème de l'impie heureux
et du juste persécuté ? Le corps, anéanti, ne pourra
subir un châtiment ou jouir d'une récompense ; quant
à l'âme sortie de sa prison charnelle, elle ne se sou-
viendra plus des gestes du corps qui la tenait cap-
tive [1].

Et ceux-là qui répètent que le Créateur a semé ses
œuvres au hasard et qu'il ne se préoccupe pas de les
conduire à leur fin, que l'homme et ses misérables
actions perdus dans d'épaisses ténèbres sont destinés à
un éternel oubli, se mettent dans une position ration-
nelle intenable. Si les œuvres humaines ne relèvent pas
d'un juge suprême, les hommes ne sont que des bêtes et
même sont plus bêtes qu'elles ne sont puisqu'ils s'im-
posent une lutte troublante entre leurs passions, tandis
que les animaux vivent dans une tranquillité et une
sérénité inconscientes. Pour les heureux animaux la
vertu est une sottise, la crainte d'un jugement une
ridicule chimère, tout leur bonheur c'est la volupté,
c'est à eux que convient excellemment la devise des

---

[1] *Loc. cit.*, n° 18, col. 1009 et 1012.

intempérants et des luxurieux : « Mangeons et buvons,
la mort vient vite[1]. » Et ils ont raison, car c'est folie
d'espérer en ce monde la récompense de ses vertus.
D'ailleurs une juste proportion entre vertus et récom-
penses, crimes et châtiments, est impossible ici-bas.
Comment, par exemple, punir avec une exacte rigueur
de justice, celui qui dévaste toute une cité et en fit
périr les habitants? A-t-il plusieurs vies pour payer
les milliers de vies qu'il a éteintes[2].

C'est donc une nécessité de conclure que, puisque la
justice ne peut se réaliser en ce monde, il faut qu'en
une autre vie un Dieu juge et justicier l'accomplisse,
et que cette justice divine atteigne celui qui fut responsable de ses actes, c'est-à-dire l'homme en personne, et non pas l'âme ou le corps séparés. Ce corps
humain ressuscitera donc pour que l'homme soit
jugé[3].

L'argument est vraiment bien mené et il ne manque
pas de vigoureuse éloquence. Il a même une valeur
démonstrative réelle, sans être absolue, car il faut

---

[1] I, *Cor.*, XV, 32.

[2] *Loc. cit.*, n° 19, col. 1012-1014. Ce passage prouve combien
peu la doctrine stoïcienne eut d'influence sur Athénagore. Il
niait résolument que la vertu fût le bonheur et qu'elle eût toute
sa récompense en elle-même. C'était cependant la doctrine du
plus célèbre des rhéteurs d'Athènes, Hérode Atticus, celle aussi
du chef d'école Taurus. Cf. Aulu-Gelles *Noctes Atticæ*, liv. I,
chap. II ; 1, 26 et II, 4. Tout le passage est amer et montre que
les rhéteurs étaient bien les « sycophantes » qui le persécutaient
et dont il raille les mœurs et la rhétorique. Cf. *Legatio*, n° 34,
col. 968 et 8 ; *Id.*, n° 11, col. 911 et *loc. cit.*, n° 1, col. 974.

[3] Cf. *loc. cit.*, n° 15, col. 1004 et le développement aux
n° 21, 22, 23, col. 1016, 1017, 1019.

bien que des actes communs à l'âme et au corps engagent l'âme et le corps dans de communs châtiments et de communes rétributions. Cependant la théorie de l'union accidentelle de l'âme et du corps, qui fait de celui-ci le pur instrument de l'âme, ne permet guère de telles conclusions sans se transformer par une inconsciente logique naturelle en la théorie de l'union substantielle de l'âme et du corps. Mais l'apologiste a noté avec justesse les exigences de notre nature intellectuelle et consciente par rapport à notre devoir moral, à notre responsabilité devant Dieu auteur de notre liberté et aussi de cette harmonie de l'univers où il a voulu que nous nous sentions obligés et non contraints de faire notre partie.

4. — Enfin la démonstration totale s'achève par un quatrième argument que fournit la considération de la fin objective de l'homme, fin qui n'est autre que Dieu même.

L'expérince nous découvre le fait d'une finalité universelle[1]. Chaque être et chaque classe d'êtres à sa fin propre : les genres, les espèces, les individus, l'animal ou le végétal aussi bien que le médecin ou le laboureur. L'observation nous révèle encore cette vente : la fin varie suivant la diversité des natures. L'homme aura donc une fin particulière proportionnée à sa nature particulière. Cette fin ne peut pas être celle des natures inanimées, c'est-à-dire la permanence dans

---

[1] ὅτι δεῖ καὶ τῶν ἐκ φύσεως συνισταμένων, καὶ τῶν κατὰ τέχνην γινομένων οἰκείων ἑκάττου τέλος εἶναι, *loc. cit* , n° 26, col. 1020, *in fine.*

l'immobilité, puisque l'homme est vivant ; elle ne peut pas être non plus le plaisir et la volupté, car ce sont là les fins propres aux animaux sans raison dont l'homme est distingué par l'âme intelligente[1].

Cette fin humaine essentiellement, sera-t-elle le bonheur de l'âme séparée du corps ? Pas davantage, car la fin est toujours proportionnée à la nature de l'être vivant. Et comme la nature de l'homme vivant est d'être composé d'un corps et d'une âme, il suit logiquement que la fin dernière de l'homme sera le bonheur simultané de son corps et de son âme unis à nouveau comme ils étaient unis sur la terre. Pour réaliser ce bonheur naturel la résurrection des corps devient nécessaire et Dieu les ressuscitera pour réaliser l'ordre universel qu'il a lui-même décrété. Alor les bienheureux jouiront de leur fin, et leur joie principale, répondant aux éléments supérieurs de leur nature raisonnable, sera la contemplation éternelle de l'Etre incréé et des lois que sa sagesse infinie a portées pour le gouvernement des mondes[2].

C'est sur ce bref argument que se clôt le traité — ou plûtôt le discours académique — d'Athénagore. Il porte en entier sur une notion du mot φύσις que nous aurons à préciser en examinant la valeur générale de toute cette démonstration[3].

---

[1] *Id.*, n° 24, cl. 1020-1021.

[2] *Loc. cit.*, C° 25, col. 1021-1024.

[3] Cf. chap. III, *Valeur absolue et relative de la démonstration*.

CHAPITRE II

IDÉES PHILOSOPHIQUES ET PHYSIOLOGIQUES DU Περὶ ἀναστάσεος. — LEURS ORIGINES

§ I. — **Les idées philosophiques.**

Dans Athénagore se combinent Aristote et Platon, sous l'influence des Ecritures. C'est une affirmation prouvée par le mélange des doctrines [1], par le vocabulaire semé des termes techniques particuliers aux deux philosophes [2] et par les nombreuses citations des

[1] Cf., *loc. cit.*, n° 15, col. 1005 : théorie platonicienne de l'union de l'âme et du corps ; et n° 15, cl. 1004 : théorie aristotélicienne de simultanéité d'existence de l'âme et du corps, etc.

[2] En voici quelques-uns :

κρίσις, faculté de juger, Aristote, *Nicom.*, 9, 2, 10, etc. Cf. Athén. *(loc. cit.*, n° 12).

γηίνος, tirant son origine de la terre, Arist., *Métaph.*, 8, 7, 5 *(Id.*, n° 12).

διαμονή, permanence, Aristote, *Spirit.*, 1, 1 *(Id.*, n° 14).

θεωρία, contemplation de l'esprit, Platon, *Leg.*, 951, *e (Id.*, n° 13).

ἐξέτασις, recherche, Platon : *Ap.*, 22, *e* ; *Thæet.*, 210, *e (Id.*, n° 13).

ὑπόμνησις, ressouvenir, Platon, *Phæd.*, 75, *a (Id.*, n° 14.

A remarquer un terme philonien, αγαλματοφορεώ, porter dans l'esprit l'image de quelqu'un. Philon, *de Opificio mundi*, 16, sur verset de Genèse 1/27. Cf. Athén., *l., cit.*, n° 12, etc., etc. Cf., d'autres expressions platoniciennes citées par Schubring, *die Philosophie des Athenagoras*, p. 9, note 9.

Ecritures relevées dans sa « Supplicatio[1] », mais si l'éclectisme philosophique apparaît très bien dans le traité « sur la résurrection des morts », on y trouve peu de traces des Ecritures, et il est difficile d'y préciser les doctrines spécifiquement chrétiennes. En effet, on n'y rencontre que trois citations textuelles et deux allusions dont l'une sûre, l'autre, douteuse.

Les citations textuelles sont « Τίμα τὸν πατέρα σου κα᾽ τὴν μετέρα » et « οὐ μοιχεύσῃς » et « φάγωμεν δὲ καὶ πίωμεν· αὔριον γὰρ ἀποθνήσκομεν, prises dans *Exode* 20, 12 et 14, et dans Paul, I *Cor.*, 15, 32. Les similitudes de textes sont d'après le *de Resurrectione* (18, 1012 « ἕκαστος κομίσηται δικαίως ἃ διὰ τοῦ σώματος ἔπραξεν, εἴτε ἀγαθὰ, εἴτε κακά » qui se rapporte à la deuxième épître aux *Corinthiens* 5, 10[2], et d'après le même traité (18, 1012) « δεῖ κατὰ τὸν Ἀπόστολον το φθαρτὸν τοῦτο καὶ διασκεδαστὸν ἐνδύσασθαι ἀγθαρσίαν » reproduction de I *Cor.*, 15,53[3]. C'est peu de chose. Encore faut-il remarquer que les deux textes de l'*Exode* sont du droit naturel et ont leur valeur indépendamment des Ecritures que la citation textuelle de saint Paul I *Cor.*, 15, 32 est un adage courant et cité

---

[1] On a relevé dans la *Supplicatio* 12 citations ou similitudes claires à des textes de l'*A. T.* notamment : *Isaïe*, 41/4, 45/5, 43/10, 46/1, dans *Suppl.* n° 9, col. 908 ; *Prov.*, 8/22 dans *Athen.* n° 10, col. 909, et *Prov.* 21/1, *Suppl.*, n° 18, col. 925, etc., et 10 citations plus ou moins claires du *M. T.*, par exemple : *Matt.* 5/28 = *Suppl.*, 32, 964 ; *Mat.*, 5/46 = *Suppl.*, 13, 916 ; *Matt.*, 5/44 = *Suppl.*, 11, 912, etc.

Comparez avec Arnoud *de Apologia Athenagoræ*, p. 113, note 3, et p. 114, note 1.

[2] « ινα κομίσηται ἕκαστος τὰ διὰ τοῦ σώματος, προς ἅ ἔπραξεν, εἴτε ἀγαθὸν εἴτε κακόν. II *Cor.* 5/10.

[3] Δεῖ γὰρ τὸ φθαρθὸν τοῦτο ἐνδύσασθαι ἀφθαρσίαν, I C. 15/53.

comme tel par saint Paul et par Isaïe[1] à qui l'Apôtre l'a emprunté, enfin, que ces textes ne sont pas donnés comme preuves mais comme affirmations de l'Eglise démontrées véridiques par la philosophie pure. Pourquoi cette attitude vis-à-vis des Ecritures ? C'est qu'Athénagore veut raisonner en simple philosophe. Nettement il nous affirme qu'il s'est placé, dans son argumentation, sur le terrain même des philosophes qui reconnaissent une cause première et une providence divine[2]. Et s'il choisit ce terrain c'est qu'il croit à la valeur de la raison humaine. Il se garde de professer, comme Justin, que toutes les vérités philosophiques sont des emprunts faits à la Révélation[3] et semble admettre que l'on peut établir rationnellement une doctrine religieuse complète sur les destinées de l'homme[4]. En outre, c'est un esprit très cultivé, pénétré des doctrines philosophiques de son temps et ayant reçu une éducation bien soignée et très complète[5].

[1] *Isaïe*, 22/13.

[2] περὶ ἀναστάς..., n° 2, col. 978.

[3] Cf. Schubring, *id.*, p. 9.

[4] Cf. Schubring, *die Philosophie des Athenagoras*, p. 9, et *de Resurr.*, chap. xii, col. 997, ligne 17 ; et *id.*, 24, 25 et 26e ligne, n° 13, col. 979, ligne 13, etc.

[5] Nous savons par un texte de Philippe de Lida (Maran, ch. xiii, col. 182, P. G., VI) qu'Athénagore avait étudié, sinon professé, à Alexandrie. Ses connaissances médicales indiquent qu'il dut probablement fréquenter une des célèbres écoles de Smyrne, de Pergame ou d'Ephèse, et s'instruire à la mode d'alors, d'école en école. Nous avons l'exemple de saint Justin (Dialog. 2 et 3) de Galien qui suit successivement les leçons d'un stoïcien, d'un platonicien, d'un péripatéticien et d'un épicurien, et va de Pergame à Smyrne, à Alexandrie, à Rome. Enfin celui de Clément d'Alex. (*Strom.* 1/1). Galien sur l'ordre de ses écrits, c. 3, sur ses propres ouvrages, c. 2 et 11.

De même, pourquoi trouve-t-on dans ce traité si peu de doctrines données comme spécifiquement chrétiennes ? D'abord, il n'y est pas question des doctrines caractéristiques de la Trinité, de l'Incarnation, de la Rédemption. En outre, des vérités qui nous semblent chrétiennes ou du moins transformées essentiellement par les enseignements révélés : la création de l'homme à l'image de Dieu, la résurrection des corps, le jugement divin, le bonheur du ciel, l'immortalité de l'âme, sont présentées comme des vérités purement rationnelles et démontrées valablement — pour les contemporains — par la philosophie d'alors. Ces observations sont cause qu'on se demande quelle origine notre philosophe donnait à ces doctrines ? Les faisait-il venir de la raison ou de la révélation ?

Il me semble que c'est mal poser la question, car à la fin du xı^e siècle la philosophie et les religions sont si intimement unies qu'on ne peut les séparer[1] (Schubring, p. 7). Des influences réciproques exercées par les traditions religieuses et les spéculations rationnelles, était sorti une philosophie composite où il est extrêmement malaisé de distinguer les éléments appartenant a la raison ou à la révélation[2]. Dans ce produit du mélange des idées païennes et révélées, on remarque aisément *une profonde influence juive*, mais on y remarque très peu l'influence des Evangiles. On y observe également une

---

[1] Cf. Zeller, *die Philosophie der Griechen*, III, b. 214 ; III, b. S., 141, 194, et Schubring, *loc. cit.*, p. 7 entière.

[2] On sait que Justin tirait toute la philosophie de la révélation primitive. Athénagore semble ne pas aller jusque-là, mais il donne comme philosophiques des idées sûrement révélées en fait v. g. la création.

profonde influence platonicienne et aristotélicienne. Les autres influences comme celle des traditions orientales autres que les traditions juives sont bien peu apparentes. Pour indiquer les origines des doctrines respectives d'Athénagore, il faudrait donc avoir déjà résolu clairement et en détail le problème des influences de toutes les philosophies et de toutes les religions sur le christianisme et réciproquement. Il nous suffira ici de relever les doctrines purement philosophiques et de rechercher si on en découvre des traces dans les philosophes contemporains ou héritiers directs d'Athénagore.

On peut ranger toute la philosophie du *de Resurrectione* sous deux titres : Idées sur Dieu, idées sur l'homme. Cette division est imposée par la nature même du sujet traité, puisque la résurrection des corps implique un rapport nécessaire entre Dieu et l'homme.

1° Idées sur Dieu.

Dieu est conçu comme le Créateur : « τὴν τοῦ δημιουργήσαντος γνώμην καθ'ἥν ἐποίησεν ἄνθρωπον[1]. » Nous citons cette phrase caractéristique afin de nous demander quel est le sens des mots δημιουργήσαντος et ἐποίησεν, où l'on pourrait voir — selon la coutume des auteurs grecs — une allusion à un démiurge ordonnateur de la matière première et en même temps une idée nette d'une création proprement dite. On peut affirmer qu'Athénagore fait de la création proprement dite la véritable

---

[1] *Loc. cit.*, n° 14, col. 1001.

action démiurgique et prend une formule platonicienne
en la détournant de son sens primitif. Des textes éta-
blissent cette affirmation : « la volonté de Dieu, dit-il,
est la cause antique de l'inégalité et de la variété de la
nature humaine [1] » ; bien plus « on doit faire de Dieu
la cause de tous les êtres et considérer cette vérité comme
la base de la philosophie [2] ». Il affirme la création de la
matière première : « τὴν δὲ ὕλην γενητὴν καὶ [3] φθαρτήν ».
C'est dire que ce qu'il appelle l'action démiurgique
est proprement l'action créatrice.

Cependant cette expression : « δημιουργήσαντος », quoi-
qu'elle exprime l'idée de création, conserve un sens
philosophique particulier, elle affirme la fonction du
Λόγος dans la création, — elle distingue d'une distinction personnelle ou modale — deux êtres divins, l'un
inaccessible, l'autre proche des créatures. Cette distinction venait en droite ligne de la théodicée philonienne et, prenait sa première origine dans une
croyance juive que nous retrouvons au ıı° siècle avant
Jésus-Christ[4]. Philon séparait Dieu des créatures et n'admettait aucun contact possible entre son infinité et leur
petitesse. La création exigeait un être intermédiaire : le
Λόγος. Pour Athénagore, ce Λόγος était le Verbe, le démiurge de Platon, dans l'hypothèse de la non-éternité

---

[1] αὕτη γάρ τῶν ἀνθρώπων ἡ φύσις, ἄνωθεν καὶ κατὰ γνώμην τοῦ Ποιή-
σαντος συγκεκληρωμένην ἔχουσα τὴν ἀνωμαλίαν (n° 17, c. 1008).

[2] . . τῷ θεῷ τήν τῶν ὄντων ἀνατιθέντας αἰτίαν, εἰς τὴν τοῦδε τοῦ δόγμα-
τος ἀποβλέπειν ὑποθεσις, n° 2, col. 977.

[3] *Legatio*, n° 4, col. 897.

[4] Dans Aristobule, fragments d'après Eusèbe, *Prep. ævang.*,
chap. vııı, xııı.

de la matière [1]. Mais ce Λόγος d'Athénagore différait essentiellement du Λόγος philonien, comme en différait le Verbe de Saint-Jean. En effet, le Λόγος dans Athénagore crée, dans Philon, il ordonne, car pour le juif Alexandrin la matière première est *probablement* conçue comme éternelle ; pour l'apologiste chrétien, le Λόγος est Dieu, incarné et révélateur ; pour Philon, il n'est qu'une force cosmique. Ce Λόγος chrétien est si vraiment Dieu que dans les textes l'action démiurgique est identifiée à l'action divine. Voici deux passages du même raisonnement où cette assimilation est manifeste : « ἀρχὴ αὐτοῖς ἡ τῶν πρέτων ἀνθρώπων ἐκ δημιουργίας γένεσις » ; leur principe, c'est la naissance des premiers hommes, par création, « ὅτι δεῖ τοὺς ποιητὴν τὸν Θεὸν τοῦδε τοῦ παντὸς παραδεξαμένους [2] », il faut que ceux qui admettent Dieu comme créateur de cet Univers.....

Donc, c'est donc Dieu qui crée par son Λόγος infini comme lui. Et cependant la tendance à considérer Dieu à la manière abstraite de Philon ou des néo-platoniciens apparaît dans la preuve de la résurrection des corps tirée de la raison d'être de l'homme [3]. En vérité, Athénagore signale incidemment que l'homme est toujours en rapport avec Dieu, son principe et sa fin, mais dans son raisonnement il isole l'homme, le fait à lui-même sa propre fin, comme si sorti de Dieu par hasard il avait été ensuite abandonné à lui-même. Singulière contradiction, nécessaire même, pour ceux qui admettaient le Dieu des chrétiens, père et providence, et lui

---

[1] Cf. Athénag., *Supplicatio*, n° 6.
[2] *De Resurr.*, n° 17, col. 1009.
[3] *Loc. cit.*, n° 12, col. 995-997. *Supplicatio*, n° 10.

dónnaient les attributs de cette Divinité invisible et inaccessible, séparée des hommes par un abîme [1]. Et cette inconséquence radicale d'un philosophe admettant des principes contradictoires est bien dans la note de cette époque de mélanges dissonants des diverses philosophies. Nous verrons bientôt qu'on trouve dans Athénagore quelque essai de concilier cette antinomie.

Mais quel motif a pu déterminer Dieu à créer le monde? Distinguons dans l'Univers les créatures raisonnables de celles qui ne le sont pas et parlons d'abord de l'homme.

A-t-il été créé par hasard? C'est impossible, car l'homme sensé, à plus forte raison la Sagesse divine n'agit pas en vain [2]. C'était là un principe admis par tous les philosophes spiritualistes du IIe siècle. Athénagore le démontrait par l'expérience ordinaire et le bon sens. Plotin le formulera en style philosophique quand il dira que les êtres étant engendrés d'une manière conforme à la raison, ont par là même reçu du premier principe une idée, une fin ou détermination, une forme (εἶδος καὶ πέρας, καὶ μορφὴν διδοῦσα) qui ne peut être l'œuvre du hasard [3]. En un mot, les types participés doivent dépendre d'un archétype.

[1] C'est de cette contradiction que procèdent les erreurs trinitaires et subordinatiennes de toute cette période. Cf. Tertullien, *adr. Praxeas*, n° 14. Clem. d'Alex. *Strom*, IV, 635. *Origène : contre Celse*, VII, **38**; *de principiis*, I, 3-5: *in sanct-Johann*, II, 18, etc., Novatien, *De Trin.*, XXXI.

[2] ... « πᾶς εὖ φρονῶν καὶ λογκῇ κρίσει πρὸς τὸ ποιεῖν κινούμενος, οὐδὲν ὧν κατὰ πρόθεσιν ἐνεργεῖ, ποιεῖ μάτην, *loc. cit.*, n° 12, col. 996.

[3] Plotin, *Enneades*, VI, VIII, 10, v. 5 (édition Dubner).

Peut-être Dieu tire-t-il les créatures du néant pour les employer à son usage ?

Pas davantage, car il n'a besoin de rien [1]. C'est encore ce que Plotin répétera : « Dieu n'a pas besoin des choses qu'il a engendrées, car c'est lui qui leur a donné tout ce qui se trouve en elles [2]. » C'était une transposition philosophique de l'enseignement révélé de la création de tous les êtres, de leur production par Dieu du néant.

Il reste donc que Dieu a fait l'homme pour l'homme même, entraîné par cette bonté et cette sagesse qui resplendissent dans tous les êtres et il l'a fait immortel pour lui permettre d'arriver à la permanence dans la sagesse et la justice, le seul bonheur immarcescible [3]. En définitive, c'est l'amour désintéressé qui est le motif de la Création, puisque Dieu reste le même avant comme après l'existence des êtres créés. Mais cependant Dieu ne peut pas produire quelque chose qui ne retourne pas vers Lui, car il est la dernière cause finale et la première cause efficiente : « Il est manifeste, dit Athénagore, qu'à considérer la raison première et générale de la création de l'homme, on ne la trouve qu'en Dieu [4] ». D'où l'on peut conclure que la fin objective et la fin subjective de la Création se confondent et que le Dieu d'Athénagore est par nécessité égoïste

---

[1] ὄυτε διὰ χρείαν· ἰδιαν παντὸς γάρ ἐστι ἀπροοδεής, n° 12, col. 996.

[2] ὥστε ἐκεῖνος καὶ ταύτης κύριος, οὐ δεηθεὶς οὗτος τῶν ἐξ αὐτοῦ γενομένων ἀλλά πᾶν καὶ ὅλον ἀφεὶς τὸγενόμενον, ὅτι μὴ ἐδεῖτο μηδὲν αὐτοῦ... Plotin, *Enn.*, V, v, 12, n° 45 (édit. Dübner).

[3] *Loc. cit.*, n° 12, col. 997.

[4] εὔδηλον ὅτι κατὰ μὲν τὸν πρῶτον καὶ κοινότερον λόγον, δι'ἑαυτόν... ἐποίησεν ὁ θεὸς τον ἄνθροπον. *Id., id.*

puisqu'il rapporte tout à Lui-même en tant que premier principe, et à la fois souverainement désintéressé puisque la création ne profite qu'à l'homme et n'ajoute aucune perfection à Dieu [1].

C'est, sauf la forme didactique et les termes scolastiques, la théorie de saint Thomas sur la raison d'être de l'univers qui est la manifestation de la gloire accidentelle de Dieu et le bonheur de l'homme. Mais Athénagore a changé cette théorie abstraite et froide en une doctrine vraiment humaine et même touchante, en comparant Dieu à ce père qui travaille pour le bonheur de ses enfants, sans autre désir que celui de les voir heureux [2]. Cette filiation adoptive de Dieu était déjà un enseignement de Philon qui l'avait transfusé de la vieille théologie hébraïque dans les veines de la jeune philosophie alexandrine. C'est à lui et à ses disciples que l'avait emprunté Athénagore, *peut-être* aussi le philosophe chrétien se souvient-il ici de l'enseignement des Evangiles. On peut croire que cette notion était alors semi-religieuse et semi-philosophique comme tant d'autres doctrines de cette époque, où tant d'esprits religieux platonisaient.

Mais c'est ici que s'accuse surtout la contradiction que nous avons déjà signalée. Nous avons montré plus haut une idée d'un Dieu abstrait et maintenant nous affirmons qu'il touche les créatures et s'occupe d'elles paternellement.

Les deux courants philosophiques : le platonisme et

[1] *Id.*, *id.*
[2] *Id.*, *id.*

le christianisme ou plutôt les idées religieuses de l'A. T. se heurtent ici et semblent irréductibles l'un à l'autre. Mais ils vont bientôt se mêler et ne faire plus qu'un large fleuve, le néoplatonisme d'Origène et de saint Augustin. Déjà Athénagore, en faisant son Dieu père et créateur, avait résolu l'antinomie apparente des deux systèmes. Dieué tait la source des êtres et leur fin, il n'était pas cependant la somme des êtres, étant personnel et distinct des créatures, de sorte que sans le moindre panthéisme stoïcien, il pouvait dire comme saint Paul, qu'il a l'air de bien connaître [1], in ipso vivimus, movemur et sumus [2]. La philosophie éclectique que Plotin résumera en la formulant, combinera sagement des éléments primordialement incompatibles. Ce n'est pas Dieu, dira-t-elle, qui est une abstraction et un néant, il est, au contraire, la pleine réalité, mais c'est notre pensée qui est impuissante à formuler la réalité infinie. ou plutôt à la comprendre au sens scolastique de ce mot (comprehendere). Dieu n'est pas une négation, mais nous n'en avons qu'une idée négative. Plotin dira bientôt que même notre pensée, spirituelle pourtant, n'est pas univoque à la pensée de Dieu qui ne peut posséder qu'une *supra intellection éternelle* [3].

Et cette théorie sera reprise par Proclus, et saint

---

[1] Il le cite trois fois : II, *Cor.*, 5, 10 ; I, *Cor.*, 15, 3 ; I, 15, 32 ; au contraire de saint Justin qui ne cite jamais saint Paul.

[2] *Act*, XVII, 18. Qu'on remarque que cela a été dit à *Athènes* même, par saint Paul.

[3] « ὑπερ νοήσις ἀεὶ οὖσα » Plotin, *Ennéades*, VI, ix, 6, tout le chapitre Cf. vi, 16, n° 25.

Thomas l'acceptera par l'intermédiaire du Pseudo-Aéropagite[1].

La même antinomie pouvait s'apercevoir — avec des yeux à regard subtil — dans cette doctrine plus haut exposée qui fait du Λόγος un Dieu et qui fait procéder de Lui des créatures finies. Athénagore semble par là tomber dans le défaut que Philon avait voulu éviter par sa notion du Λόγος à savoir de mettre en contact deux termes irréductibles : le fini et l'infini. Car, remarquons-le une fois pour toutes, si les Apologistes semblent parfois faire du Λόγος un être temporel, plus souvent encore ils affirment sa divinité, et avec une clarté bien supérieure aux ambiguës formules philoniennes du δεύτερος θεός ou de ἕτερος θεός[2]. Encore ici je ne crois pas exagérer en discernant une ébauche de la doctrine plotinienne qui fait de Dieu l'être « éternellement actuel et enfermant le possible non pour lui, mais pour les autres êtres. Par là, il est à la fois *acte immanent et puissance transitive*[3] », c'est-à-dire qu'il faut rejeter toute explication du mouvement et de la multiplicité des choses qui introduirait le mouvement et la multiplicité dans l'Être parfait. Nous reconnaissons ici la notion de

---

[1] « τὸ γάρ δέον οὐκ ἐστι στερήσεως, ἀλλ' ὑπεροχῆς σημαντικόν... » le manque d'une chose (en Dieu) n'est pas signe de privation, mais de supériorité. Proclus, *Comment. Parménide*, VI, 87. Cf. *Thom.*, I, q. XII, *a* 12, *in corp.*

[2] Par exemple, dans ce passage d'Athénagore : « ἑνὸς ὄντος τοῦ Πατρὸς καὶ τοῦ Υἱοῦ· ὄντος δὲ τοῦ Υἱοῦ ἐν Πατρὶ, καὶ Πατρὸς ἐν Υἱῷ », *legatio*, n° 10. Dans le même passage, on voit que les termes divins sont « ἐν τῇ ἑνώσει δύναμιν καὶ τὴν ἐν τῇ τάξει διαίρεσιν ».

[3] Cf. Fouillée, *la Philosophie de Platon*, tome III, p. 217, 2ᵉ édition.

l'Acte pur d'Aristote et de saint Thomas. Certes, toute cette pensée n'est guère qu'implicite dans Athénagore, mais elle est la conciliation nécessaire de l'union, en la notion de Dieu, de l'idée de Providence et de l'Idée d'un Infini éloigné des créatures au point de ne pouvoir agir sur elles. C'est la poussée du christianisme qui précipite cette mixtion de platonisme et d'aristotélisme, comme plus tard, pour détruire le subordinatianisme trinitiaire, il faudra à l'idée du Λογος platonicien joindre la théorie d'Aristote qui remplacera le rapport de subordination entre les termes divins par le rapport d'identité absolue[1].

Enfin, dans le bizarre argument qu'Athénagore tire de la raison d'être de l'homme, nous trouvons des passages singuliers, par exemple, celui-ci : « Les choses créées seulement pour qu'elles soient ne peuvent cesser d'exister, puisque leur raison d'être est liée à leur essence et que cette raison d'être ne paraît pas être autre chose que leur propre existence[2]. » Faut-il voir là un gros argument de bon sens que l'on pourrait écrire ainsi : Vous, laboureur, votre raison d'être est d'ouvrir des sillons dans votre champ, donc, tant que sera la terre vous serez laboureur, puisque votre raison d'être subsistera? ou bien faut-il voir dans cette apparence d'identité entre la raison d'être et l'essence actuée ou existante une doctrine philosophique ?

Les deux façons de voir peuvent être justes, mais je préfère la seconde parce qu'elle est mieux dans le ton

---

[1] Cf. Fouillée, *op. cit.*, p. 296.
[2] *Loc. cit*, n° 12, col. 997.

général de ce traité à prétentions purement métaphysiques, et d'ailleurs cet argument s'adresse à des philosophes et l'on sait que cette espèce ne goûte guère les affirmations du sens commun.

On peut traduire ainsi le texte cité plus haut : Vous êtes *personne*, c'est-à-dire non seulement le centre d'attribution de vos opérations naturelles, non seulement le sujet responsable de vos actes libres, mais encore votre fin ontologique, puisque vous n'êtes ordonné qu'à vous-même, que vous n'êtes le moyen d'aucune fin qui vous soit extrinsèque. Si vous êtes votre fin, vous existerez toujours, puisque votre fin est en vous, et que vous ne pouvez être conçu autrement que vivant toujours. Alors le passage allégué s'explique par une erreur sur la notion de personne qui ne peut être sa fin ontologique, puisqu'elle n'est pas à elle-même son premier principe.

Mais n'y aurait-il pas une autre explication de cette fusion des notions d'essence et de raison d'être? On est tenté d'en proposer une autre quand on rencontre dans Plotin cette même identification de deux notions différentes. N'aurions-nous pas ici un mélange d'aristotélisme et de platonisme, joint à une erreur dans l'application de la doctrine?

Platon faisait du monde des Idées un ensemble de *réalités intelligibles*, *modèles* du monde sensible. Au contraire, Aristote enseignait que le monde des idées était le monde des *possibles* qui se réalisent dans les êtres concrets et individualisés. Il objectait à Platon : « Comment l'Idée pourrait-elle exister à la fois en elle-même et dans les choses? Rien ne saurait expliquer cette dualité d'existences ». Or, les néo-platoniciens résolurent l'objection et soudèrent les deux théories en précisant la notion de puissance et de possible. Ils diront : le possible n'a pas sa raison d'être dans le pur possible, mais dans le réel. Les idées ou essences sont d'abord éternelles en Dieu et *procèdent* ensuite dans des existences inférieures sans s'y absorber. D'où elles sont à la fois essences et puissances : modèles (παραδείγματα), archétypes (ἀρχέτυπα), formes intelligibles des choses (εἴδη μορφαί) — et aussi *raison d'être, pourquoi des choses* (τὸ διοτί), formes premières et créatrices (πρῶτα τὰ ποιοῦντα).

Cette soudure des deux philosophies est très apparente dans Plotin. Supposons — et cette supposition est légitime — que la théorie néo-platonicienne fut encore claire-obscure à l'époque d'Athénagore comme toutes les doctrines dans une période de transition, et alors nous concevons qu'ici cette fusion des deux systêmes, édifiés pour l'explication des relations entre les créatures et le Créateur, s'applique à la notion d'essence de l'homme, qui est simultanément essence et raison d'être, ce qui d'ailleurs est une erreur, puisque c'est l'Idée ou essence éternelle qui est seule à la fois raison d'être et essence. Cette erreur est d'ailleurs soupçonnée par Athénagore quand il affirme qu'en réalité l'homme ne peut s'isoler du Créateur et donc que c'est en Dieu qu'est la raison d'être de l'homme.

En somme, quand même l'on rejetterait cette explication parce qu'on la trouverait trop sollicitée. Il restérait que l'on peut saisir l'évolution de l'éclectisme en néo-platonicisme de la fin du iiie siècle. Voici donc la doctrine d'Athénagore sur Dieu :

1° Dieu est créateur.

2° La création s'opère par un λογος-demurge, qui est Dieu, et dont l'action est divine.

3° Il y a une tendance manifeste à raisonner comme si Dieu était une abstraction au sens philonien.

4° Le motif de la création n'est pas le hasard, ni l'intérêt, mais l'amour paternel de Dieu, à la fois désintéressé et égoïste.

5° Idée de la transcendance de Dieu que nous ne connaissons que par des notions négatives.

6° Premiers linéaments de la théorie de Dieu conçu tout à la fois comme acte immanent et puissance transitive.

7° Enfin, peut-être, traces d'un mélange platonico-aristotélicien, qui fait par erreur appliquer à l'essence de l'homme existant la doctrine (plus tard formulée par Plotin) des Idées à la fois essences et raisons d'être des choses.

2° L'Anthropologie

Qu'est-ce que l'homme ? Pour Athénagore, c'est une *nature* ou *personne*, composée de corps et d'âme, et ce composé seul[1] est vraiment l'homme. Ce principe est même quelquefois exagéré au point que l'on serait porté à croire que notre apologiste n'admettait pas la subsistance de l'âme après la mort. Nous avons déjà cité un passage caractéristique : « la raison ne pourra subsister, si ne subsiste pas la nature ou personne qui

---

[1] *Loc. cit.*, n° 12, *in fine*, et n° 15.

est le sujet d'inhésion de cette raison [1] ». Ceci est certainement une formule trop aiguë, car Athénagore admet l'immortalité de l'âme, et même il parle du bonheur de l'âme séparée du corps [2].

Puisque la nature humaine se compose de corps et d'âme, il faut rechercher quel est le mode d'union de ces deux parties essentielles. En cet endroit, nous rencontrons la pure doctrine platonicienne, et même la métaphore qu'employait Platon pour exprimer les rapports entre le corps et l'âme. Il y a entre ces deux principes une union purement accidentelle, l'âme est le cavalier du corps : « Si la personne humaine ne subsiste pas, il est inutile d'empêcher le corps de poursuivre ses désirs et de l'obliger à obéir à l'âme qui le dirige en lui faisant sentir le frein [3]. » Il n'y a donc pas dans cette union une altération semblable à celle que l'assimilation fait subir aux aliments et qui les change spécifiquement, comme nous disait Athénagore au commencement de son discours, il n'y a que juxtaposition et influence de l'âme sur le corps et du corps sur l'âme, influence qui laisse l'une et l'autre dans leur nature propre, comme le coursier et son cavalier restent différents quoique unis. Ammonius Saccas (160-!) professait cette même doctrine [4] et il la transmit à son

---

[1] *Id*, n° 15, col. 1003-1005.

[2] ... μακαριότης ψυχῆς κεχωρισμένης σώματος. *L. cit.*, n° 25.

[3] ... τῆς δὲ τῶν ἀνθρώπων φύσεως μὴ διαμενούσης... μάτην δὲ τὸ σῶμα πεπέδηται πρὸς τὸ τυγχάνειν ὧν ὀρέγεται, ταῖς τῆς ψυχῆς ἡνίαις ὑπεῖχον καὶ χαλιναγωγούμενον .. *L. cit.*, n° 15, col. 1006.

[4] Nemesius *De natura hominis*, chap. iii. Cf. Fouillée, *op. cit.*, t. III, p. 183.

disciple Plotin, elle avait sa première expression dans le Parménide de Platon.

Cette âme est, d'ailleurs, nécessairement distincte du corps puisqu'elle est incorruptible et donc spirituelle, ce qui fait qu'elle subsiste après la mort « μενοῖ, δε ἡ ψυχὴ καθ'ἑαυτὴ ὡς ἀφθαρτός[1] », mais « elle n'engendre pas d'autres âmes[2] » ce qui est la négation de tout traducianisme spirituel, et même une telle génération est impossible, car les âmes n'ont pas de sexe, pas de passions charnelles et ne connaissent pas même les liens légitimes du mariage[3].

Cette âme incorruptible n'a, prise à part, que des tendances bonnes, c'est le corps qui l'entraîne au péché : « N'est-il pas injuste, dit Athénagore, que l'âme (si le corps ne ressuscite pas), soit seule jugée pour des crimes où ne l'inclinent, ni ses désirs, ni ses tendances, ni ses élans, comme sont la volupté, la violence, l'avarice...[4] » Et tout de suite après il affirme que ces vices sont des passions du corps seul : « Ces troubles (de l'âme) naissent de la misère et des besoins du corps[5]. » Tout le chapitre est dans le sens de ces deux citations. D'où nous concluons qu'il n'y a pas trace dans ce traité

[1] Athén., *loc. cit.*, n° 20, 1013.

[2] *Id.*, n° 23, c. 1017.

[3] ... « οὐκ οὔσης εν αὐταῖς τῆς κατὰ το ἄρσεν καὶ θῆλυ διαφορᾶς οὐδέ πρὸς μἶξιν πινὸς ἐπιτηδειότητος, ἤ πρὸς ταύτην ὀρέξεως. Παρ' οἷς δὲ μίξις οὐκ ἔστιν ὅλως, οὐδς ἔνθεσμος μίξις, ὅ περ ἐστὶν ὁ γάμος », n° 23, col. 1020.

[4] Ἤ πῶς οὐκ ἄδικον, τὴν ψυχὴν κρίνεσθαι καθ'ἑαυτὴν ὑπὲρ ὧν οὐδ ἡντιναοῦν ἔχει, κατὰ τὴν ἑαυτῆς φύσιν, οὐ ὄρεξίν, οὐ κίνησιν, ουχ' ὁρμήν. οἷον λαγνείας, ἤ βίας, ἤ πλεονεξιάς », col. 1015.

[5] *Id.*... ἐνοχλοῦνται δέ ὑπὸ τῆς τοῦ σώματος ἐνδείας και χρείας, col. 1015.

d'Athénagore d'une croyance quelconque au péché ori-
ginel considéré comme ayant son siège dans l'âme et
qu'il raisonne ici comme si l'âme était bonne en soi.
Remarquons aussi que notre auteur fait un choix dans
les doctrines philosophiques de Philon et de ses disciples. Comme le théoricien juif, il admet que le corps
est mauvais et que l'âme est par lui entraînée au péché,
c'est l'équivalent de l'énergique maxime philonienne
« ψυχὴ νέκρον φεροῦσα ». Mais on ne voit pas que l'homme
soit nécessairement pécheur, même avant l'éveil de sa
raison, puisque l'âme, bonne, peut diriger ce corps et
l'éloigner du mal[1].

De cette âme incorruptible et bonne en soi, quel est
l'acte principal et caractéristique? C'est l'acte de sa
raison par lequel elle conduit toute la vie humaine.
Cette raison, lumière des actes humains, est faite pour
connaître les idées et les réalités « πρὸς διάκρισιν νοητῶν, ..
οὐσιῶν[2] » et pour s'élever des choses créées à la connaissance des attributs divins, la bonté, la sagesse, la
justice[3], c'est la contemplation d'ici-bas, la θεωρία terrestre, image de la θεωρία céleste.

Cette raison possède des principes évidents qu'elle
aperçoit, pour ainsi dire, d'un coup d'œil, « quand il
s'agit des premiers principes un seul éveil de l'attention
nous en donne la connaissance naturelle[4] »; ensuite,

---

[1] C'est la contradictoire de Philon. Cf. Zeller, *die Phil. der
Griechen*, III[a], p. liv. II, page 388.

[2] N° 14, col. 1003, *in fine*.

[3] ... « τῆς του δὲντος αγαθότητος καὶ σοφίας καὶ δικαιοσύνης » n° 13,
col. 1000.

[4] « ᾿Η γὰρ περὶ τῶν πρώτων ἐστί δογμάτων, καὶ δεῖ μόνης ὑπομνήσεως
τῆς τὴν φυσικὴν ἀνακινούσης ἔννοιαν » col. 1002.

travaillant sur ces évidences, la raison en déduit les vérités secondaires que la démonstration fait apparaître.

Enfin, l'âme et le corps unis en la personne humaine aboutissent après une vie vertueuse au bonheur final qui consiste surtout dans la contemplation de l'Etre et dans la connaissance de la loi suprême — des décrets éternels — qui préside à l'ordre universel : « τῇ δε θεωρίᾳ τοῦ ὄντος καί τῶν ἐκείνῳ δεδογμένων ἀπαύστως ἐπαγάλλεσθαι [1] ».

Dans toute cette psychologie, les traces d'un éclectisme platonico-aristotélicien sont apparentes, nulle part on ne les aperçoit mieux que dans la théorie du bonheur par la contemplation intellectuelle. Dès ici-bas nous avons une θεωρία imparfaite, nous dit Athénagore, car notre raison contemple d'abord les intelligibles et les essences concrètes et y découvre les reflets de la Bonté et de la Sagesse divines. C'est la pensée commune à Platon et à Aristote : les choses ne sont belles qu'en tant qu'elles expriment la Beauté divine. Mais cette θεωρία n'est qu'un bonheur inférieur, celui de l'âme dans sa vie terrestre.

Le bonheur véritable et suprême consistera dans une autre θεωρία, celle de l'Absolu, de la Beauté et de l'Harmonie parfaites « τοῦ Ὄντος, καί των... »[2] et non plus dans la misérable vision des attributs divins que nous fournissent les créatures. Mais cette contemplation est une vie, semblable, quoique de qualité supérieure à la

---

[1] *Loc. cit.*, n° 25. col. 1021.
[2] Cf. page précédente.

vie humaine d'ici-bas. C'est une conclusion nécessaire, car on ne pourrait pas, sans elle, expliquer que
le corps ressuscite pour ne pas vivre et n'avoir pas
avec l'âme une même vie personnelle. Si cette θεωρία
est une vie, elle est une action attribuable à la personne humaine, elle est donc un vrai bonheur procuré
par la jouissance de l'Être, c'est-à-dire de Dieu « του
ὄντος, de l'étant ». En cet endroit, Athénagore suit
Aristote. Ce dernier avait fait à la doctrine de Platon
une correction importante. L'Idée suprême, dans Platon, avait un caractère de froideur et d'immobilité, elle
était l'Être et la Beauté inaccessibles, c'est-à-dire une
beauté morte de statue. Aristote, au contraire, éta-
blissait un contact entre l'être divin et l'essence humaine qui n'était autre chose que de l'être divin parti-
cipé, d'où Dieu, l'objet de la contemplation bienheu-
reuse, était en l'homme à la fois un idéal et une réalité,
une beauté vivante, objet de plaisir et sur laquelle on
pouvait poser une intelligence humaine toute tournée à
aimer.

Cette doctrine sera plus tard faussée et poétiquement
développée par Platon [1], elle sera adoptée, même dans
sa forme aiguë, par saint Thomas [2].

Quant au corps lui-même, Athénagore en dit peu de
choses. Il en fait un élément essentiel de la personne
humaine ; il assure qu'il est mauvais et a besoin d'être
écarté par l'âme, des passions et des vices où l'entraîne
sa nature matérielle et grossière. C'est au corps qu'ap-

[1] Fouillée, *Opere laud.*, 196 à 199.
[2] II^a pars, *de Fine hominis.*

partient surtout la sensibilité : « Il est, dit-il, le premier principe de la sensation et entraîne l'âme à con-
sentir à sa tendance sensuelle[1] ». D'où on ne saurait
conclure sans erreur qu'Athénagore est trichotomiste
au sens platonicien, puisqu'il dit formellement : « Nous
ne prétendons pas que les sensations appartiennent au
corps seul, mais à l'homme tout entier, car il n'y a
qu'une vie humaine[2]. » En somme, c'est la formule :
« le corps sent (πρωτοπαθεῖ), l'âme consent », (συμπάθειαν),
qui n'entraîne pas du tout deux âmes et deux vies
distinctes, mais seulement des facultés personnelles
distinctes[3].

En résumé : 1° L'homme est une personne composée de corps et d'âme ;

2° L'âme et le corps sont unis accidentellement,
comme le cheval et le cavalier ;

3° L'âme est incorruptible et ne peut avoir de passions charnelles ;

4° Cette âme, prise en soi, n'a que des tendances
bonnes, c'est le corps qui l'entraîne au péché ;

5° L'âme raisonnable connaît les essences et les réalités, elle y découvre les attributs divins, elle connaît
par évidence et par démonstration ;

[1] « πρωτον παθεῖ τὸ σῶμα καὶ τὴν ψυχὴν ἕλκει πρὸς συμπάθειαν », n° 21.

[2] « Ἀλλὰ κἂν μὴ μόνου τοῦ σωματος, ἀνθρώπου δέ θῶμεν εἶναι τὰ
πάθη, λέγοντες ὀρθῶς, διά τὸ μίαν ἐξάμφοτέρων εἶναι τὴν τούτου ζοὴν »,
21, 1016.

[3] Certains textes feraient croire qu'Athénagore admettait une
âme de l'âme. Ainsi au n° 13, on trouve un passage où l'on voit
que Dieu a donné à l'*homme* l'esprit (νοῦν) et la loi naturelle
après l'avoir fait *âme* et *corps*. Nous retrouvons d'ailleurs cette
doctrine platonicienne jusqu'au ve siècle, par exemple dans Ma-
rius Victorinus.

6° Le bonheur final est la contemplation de l'Être absolu.

§ II. — Les doctrines physiologiques.

Athénagore, en philosophe probe et sérieux, ne veut qu'instruire et va d'abord à la vérité. Cependant sa pensée et son style nous laissent apercevoir sous le dialecticien un esprit curieux et érudit que toute doctrine intéresse, surtout quand cette doctrine peut étayer les thèses du philosophe. Dans sa *Supplicatio* il nous a laissé quelques notes d'historien et de critique d'art assez intéressantes[1], et nous rencontrons dans son *de Resurrectione* quelques théories physiologiques dont il faut indiquer la provenance. Il ne faut pas s'étonner de ce mélange de philosophie et de physiologie « car, les vrais représentants de la médecine en ce temps, sont tous, plus ou moins des philosophes [2] » ces deux sciences allaient de concert, comme il n'y a pas longtemps encore la physique et la métaphysique.

La science médicale d'Athénagore est d'ailleurs assez courte. Il a l'intuition des successives transformations de l'aliment, il connaît peut-être la fonction du sang, les maladies viennent de mauvaises digestions ou de sécrétions insuffisantes. C'est tout ce qu'il nous affirme [3]. Ce serait peu pour le classer dans une école si son style ne nous recelait des expressions caractéristiques.

A la fin du IIe siècle, on distinguait quatre grandes

---

[1] *Supplicatio*, n° 17, col. 921 924-925.
[2] A. Croiset, *Hist. de la littér. grecq.* t. V, ch. v, p. 712.
[3] *De Resurectione*, n°s 3, 4, 5, 6, 7 et surtout col. 986 et 987.

écoles médicales : 1° les *dogmatiques*, qui expliquaient
le fonctionnement des organes par des forces spécifiques déterminées à des fins spéciales. C'était la vieillé
école d'Hippocrate, de Platon et d'Aristote, dont Galien[1] était le représentant le plus célèbre, elle se piquait
de sérieux et de métaphysique. Molière en raillera plus
tard les explications un peu trop simples. Et chacun sait
la phrase fameuse : l'opium fait dormir parce qu'il a
une *vertu dormitive*[2].

2° Au contraire des dogmatiques, les *empiriques*
n'admettaient que des faits caractérisés par des symp-
tômes. C'étaient de précoces positivistes.

3° Entre ces deux sectes et après elles vint la secte
des *méthodistes*, empiriques qui groupaient les faits en
genres d'après leurs caractères communs. C'est à cette
école que se rattachait Soranos d'Ephèse[3] dont parle
Tertullien.

[1] Galien (131-201), né à Pergame, où il suit successivement
les leçons d'un stoïcien, platonicien, péripatéticien, va à Smyrne
suivre les cours de médecine du dogmatique Pélops, puis va à
Alexandrie et à Rome. Cf. Ackermann, *Historia litteraria Galeni*,
t. I (édit. de Kuhn).

[2] Molière, *Malade imaginaire*, 3ᵉ intermède, t. III, p. 483,
édit. Lemaistre.

[3] Soranos, né à Ephèse, comme Rufus dont il fut le contem-
porain, vécut à Alexandrie puis à Rome, sous Trajan et sous
Hadrien (d'après Suidas) ; nous savons par divers témoignages
(par exemple celui de Cælius Aurelianus, au vᵉ siècle, traducteur
en latin des œuvres de Soranos) qu'il fut un de ceux qui achevèrent
de formuler les principes de l'école méthodique. Ce qui nous
reste de ses œuvres se rapporte presque uniquement à la physiologie et à la pathologie de la femme. Il avait composé aussi des
« biographies de médecins » d'où provient vraisemblablement
la vie abrégée d'Hippocrate que nous possédons (dans Ideler,
Scriptores physici et medici græci minores. Berlin, 1841, t. I.
Cf. Croiset, *op. cit.*, V, 714.

4° Enfin, il y avait les *sceptiques,* dont le nom indique assez les doctrines.

‹ A priori, on peut croire qu'un grave philosophe devait être dogmatique et se réclamer de Platon et d'Aristote, même en médecine. Cette conjecture est justifiée par l'étude du vocabulaire scientifique d'Athénagore. Nous trouvons dans Galien[1] et dans l'apologiste les mêmes termes employés pour désigner les forces spécifiques expliquant le fonctionnement des organes. Voici les plus caractéristiques : d'abord les φυσικᾱι δυνάμεις de Galien se retrouvent dans le *de Resurrectione* : ταῖς φυσικαῖς δυνάμεσι νικηθεν[2]. On trouve encore les forces purgatives, τοῖς φυσικοῖς καθαρσίοις[3] ; la force d'élimination, (δυναμεῶς) διακρινομένης[4] ; la force d'alimentation, τής θρεπτικῆς δυναμεως[5] ; la fonction génératrice, γενεσις[6] ; Enfin on peut relever un grand nombre d'expressions physiologiques et médicales qui sont celles d'Hippocrate, ou des ouvrages scientifiques de Platon et d'Aristote. Il suffira de les énumérer.

1° D'Hippocrate (édition de Littré, 1839-61).

πέψις, cuisson des humeurs, du résidu des aliments, *De l'ancienne médecine,* 15. (Athénag., n° 5).

κάθαρσις, purgation, *Aphorismes,* 1254. *(Id.,* n° 6).

θεραπέια, remède, médecine, *des Articulations,* 839. (*Id.,* n° 6).

---

[1] Cf. *Traité des forces de la nature.*
[2] *De Res.,* n° 6, col. 985.
[3] *Id., id.,* c. 985.
[4] *Id.,* n° 5, c. 984.
[5] *Id.,* col. 984 et 989.
[6] *Id.,* n° 3, col. 984.

τεκμήριον, symptôme, Galien dit τεκμηρίωμα. *(Id.*,
n° 6).

σχέσις, état, situation accidentelle, *des Articulations*, 784. *(Id.*, n° 7).

φίγμα, humeur, *Aphorismes*, 1260 *(Id.*, n° 7).

χολή, bile, *Id.*, 1249, *de l'ancienne médecine*, 16
(Id., n° 7).

πιμελή, graisse, *Traité des airs*, 292 *(Id.*, n° 7).

2° D'Aristote (édition de *l'Académie de Prusse*, 1831-
70).

ἀνάλυσις, dissolution naturelle, *Monde*, 4, 11 *(Id.*,
n° 3).

ἕνωσις, assimilation, *Phys.*, 4, 13, 2 *(Id.*, n° 5).

περίττωματα, résidu de la nourriture, *Génér. des animaux*, 1, 18, 40 *(Id.*, n° 5).

μορίοις, membres, *Histoire des animaux*, 1, 2 *(Id.*,
n° 5).

διαφορά, espèce différente, *Métaph.*, 9, 7, 8 *(Id.*,
n° 6).

ποιότης, qualité d'une chose, *Catég.*, 8, 1 *(Id.*,
n° 6).

3. De Platon (édition d'Orelli et Winckelmann, 1839-
1874).

κρᾶσις, mélange naturel, *Tim.*, 74, *d (Id*, n° 5).

μεταβολή, transformation, *Repub.*, 434 *b (Id.*, n° 5).

διάκρισις, élimination des aliments anti-naturels,
par opposition à σύγκρισίς *(Soph.*, 243 *b) (Id.*,
n° 5).

πρόσληψις, action d'accroissement, *Théœte*, 210 *a*
(Id., n° 6).

ἐρρωμένος, robuste (en parlant des choses), *Phed.*,
268 *a (Id.*, n° 6).

Etc., etc...

Il reste donc qu'Athénagore est un dogmatique. Mais ses idées, comme ses expressions viennent plutôt des anciens médecins que de la jeune école à laquelle Galien donnait tant d'éclat. On peut le comparer à un professeur de philosophie qui, voulant traiter une question médicale, l'étudie non, dans les salles de dissection, mais dans les livres, ce qui le fait être un peu en retard ou du moins donne à ses idées et à ses phrases une couleur archaïque.

```
CHAPITRE III
```

VALEUR DE LA DÉMONSTRATION D'ATHÉNAGORE

§ I. — Valeur relative.

Quelle valeur pouvait avoir la démonstration d'Athénagore pour ses contemporains? Afin de répondre à cette question il faut décrire sommairement le milieu où fut composé ce traité *de la Résurrection des corps*. Il est clair qu'Athénagore parle à des philosophes ; le souci des divisions logiques [1], l'importance donnée aux démonstrations purement métaphysiques [2], les termes techniques [3] l'indiquent assez. Ces philosophes sont aussi des littérateurs, puisqu'on leur parle une langue élégante et châtiée. L'orateur est lui-même une intelligence ferme, aimant la vérité, croyant la conquérir par le seul effort de la raison [4], un de ces

---

[1] *Loc. cit.*, n° 11, col. 993.

[2] *Id., id.*

[3] V. g. cf. les mots cités au commencement du chapitre II. A remarquer un mot : ἀγαλματοφορέω, porter dans l'esprit ou le cœur l'image de quelqu'un, mot fréquent dans Philon (cf. *de Opific. mundi*, n° 16, sur ce texte de *Gen* 1, 27) et que n'emploient pas les autres apologistes, v. g. Tatien « μονος δὲ ἄνθρωπος εἰκὼν καὶ ὁμοίοσις τοῦ θεοῦ. *Oratio*, n° 15, col. 837.

[4] *Supplicatio*, n° 11, col. 912.

rares ouvriers de littérature croyant encore que la parole n'aété donnée à l'homme que pour la vérité[1].

Un tel orateur et un tel auditoire étonnent dans cette Athènes du II° siècle où pullulaient les sophistes et les rhéteurs, et où l'on apercevait trop de ces étudiants — esthètes de Quartier Latin — dont Aulu-Gelle nous a décrit l'accoutrement risible : « long manteau grec, chevelure très abondante, et barbe tombant jusqu'au ventre[2] ». Dans cette société frivole, il restait cependant quelques esprits sérieux, à leurs heures. Dans sa villa de Képhissia, Atticus, à l'ombre des bosquets, dans la fraîcheur des fontaines, parlait quelquefois, en grec ou en latin, de la vertu et du devoir, et se vantait de jouir de la vertu pour elle-même[3] . Taurus, le célèbre stoïcien, réunissait ses disciples à sa table, autour d'une marmite pleine de lentilles d'Egypte et de citrouilles hachées et, après qu'on avait discuté — avec un art charmant — sur ces graves questions : pourquoi l'huile gèle-t-elle souvent, le vin rarement, le vinaigre presque jamais, alors le maître exhortait à l'étude de la philosophie ou défendait la fréquentation

[1] *Suppl.*, n° 11, col. 911, *in fine*.

[2] *Noctes atticæ*, IX, II, p. 571, édit. Nisard, chez Didot, 1875.

[3] Voici le cadre et le thème d'une leçon d'Atticus : « Cum essemus apud eum, in villa cui nomen est Cephisia et æstu anni et sidere autunni flagrantissimo, propulsabamus caloris incommoda lucorum umbra ingentium, longis ambulacris et mollibus, ædium positu refrigeranti, lavacris nitidis et abundis et collucentibus, totiusque villæ venustate aquis undique canoris atque avibus personante ».

Le thème était : la dialectique, la morale, la nature de l'esprit humain, les vertus, les devoirs, les vices. La langue était le grec ou le latin, plus souvent le grec. Cf. A. Gelle, *loc. cit.*, I, ch. II, p. 429.

des comédiens [1]. C'est à ceux-là et à leurs disciples que s'adresse le discours d'Athénagore, car seuls ils sont capables et dignes d'écouter une démonstration positive. Peut-être venaient-ils, mêlés aux rares chrétiens platonisants, entendre le philosophe chrétien, et peut-être aussi que cet étudiant, à la mine inquiète et à l'air jeune qui se tient aux derniers rangs, n'est autre que le futur chef de l'école d'Alexandrie, Clément [2]. Chose remarquable, jamais Athénagore ne les attaque avec ironie tandis qu'il raille cruellement [3] « ceux qui dénouent les syllogismes, éclaircissent les équivoques, définissent les homonymes et les synonymes, les prédicaments et les axiomes, le sujet et l'attribut, questions agréables qui, promettent-ils, rendront les audi-

---

[1] *Noct. Atticæ*, VI, 10, p. 542 et XVII, 8, p. 702.

[2] Clément, né à Athènes vers 160 (!) passa sa jeunesse d'école en école, en Grèce, en Italie, Syrie, Palestine, cherchant partout un enseignement qui le satisfît *(Strom.*, I, 1). Il arriva à Alexandrie, V, 180. Il fut le successeur du stoïcien converti Pantène *(Eus.*, H. E. V, 10 et *Strom.*, 1/1).

Harnach, *Geschichte*, 1 pars., p. 258) a expliqué le passage où Philippe de Sida donne Athénagore comme le maître de Clément, à Alexandrie, en disant qu'Athénagore fut professeur à Alexandrie alors qu'il perfectionnait ses études, sans avoir été le chef de la « didascalie » avant Pantène et Clément. Il me semble plus probable d'admettre que Clément a été l'élève d'Athénagore, à *Athènes*, Philippe, élève de Rhodon, le successeur de Dydyme à la didascalie, a rapporté une tradition d'école mais s'est trompé de lieu et a écrit Alexandrie au lieu d'Athènes. D'ailleurs il ne rapporte pas qu'Athénagore fût Athénien. Dans cette hypothèse nous aurions un témoignage d'une école chrétienne à Athènes, ce qui est, en fait, d'accord avec l'étude interne du *de Resurr.*, et cette période d'écoles athéniennes dont quatre au moins étaient payées par l'Etat.

Cf. P. G., VI, p. 182, Maran-Boissier, *Fin du pag.*, 165. Arnoud, *loc. cit.*, 90-95.

[3] *Suppl.*, n° 11, col. 11.

teurs si heureux ! » Et d'un simple mot dédaigneux[1],
il écarte avec les rhéteurs les aveugles philosophes qui
ne veulent pas reconnaître l'universelle causalité divine ou l'existence d'un Dieu personnel.

Alors aussi — nous sommes aux environs de l'an 180
— devait circuler l'Ἀληθὴς λόγος de Celse, écrit en 177-
178[2], œuvre de philosophe et de savant. Le philosophe y disait que le dogme chrétien de la résurrection
des corps était une déformation de l'idée de métempsy-
cose. Le savant affirmait que cette doctrine chrétienne
était gâtée et pourrie, par une délicate allusion d'un
mot, permise par le grec seul, à ces cadavres décom-
posés qui devaient ressusciter[3]. Cette hypothèse ferait
d'Athénagore un précurseur d'Origène, elle explique-
rait le soin apporté par le philosophe athénien à la réfutation des objections d'ordre scientifique. D'ailleurs
Athénagore semble bien dans la *Supplicatio* réfuter
une réponse de Celse aux chrétiens qui avaient fait un
crime aux païens d'adorer des statues inanimées. Ce
n'était pas le bronze ou le marbre qu'on admirait mais
le dieu dont ils reproduisaient les traits[4]. Celse fut donc
connu d'Athénagore probablement.

Cependant, on peut expliquer les allures scienti-

---

[1] *De Res.*, n° 2, col. 978.

[2] Selon Keim, *Celsus Wahres Wort*, Zurich, 1873, et Péla-
gaud, *Étude sur Celse*, Lyon, 1878 ; Harnack adopte aussi la date
176-180.

[3] *Origene, contra Celsum*, VII, col. 1466, et *id.*, II, c. 801 :
« Εἶτ' ἐπεὶ ὡς ἕωλα τὰ περὶ ἀναστάσεως νεκρῶν.

[4] Cf. Minut. Felix, *Octavius*, 23 *in fine*. Arnobe, *Adversus
Gentes*, V, XVII, col. 1200-1201. Athénag., *Supplicatio*, ch. XVIII,
XIX, col. 925, 927, 929.

fiques du *de Ressurectione*, en écartant cette supposition, car la médecine était très en honneur, à
Athènes comme partout, au IIe siècle. Dans les *Nuits
attiques* nous lisons que Taurus se mit en grande
colère contre le médecin d'Aulu-Gelle parce qu'il avait
confondu veines et artères[1]. Nous y trouvons cité le
traité d'Hippocrate *sur les Aliments*[2]. Enfin, preuve
évidente de cette mise en honneur de la médecine,
Pausanias, au IIe siècle, mentionne 63 sanctuaires
d'Esculape[3].

Que valait donc pour de tels philosophes et dans un
tel milieu la démonstration d'Athénagore ?

Dans la partie négative on peut distinguer deux
points traités :

1° La résurrection des corps, considérée comme
œuvre de la toute-puissance divine est possible, car qui
peut créer peut ressusciter. Cet argument avait une
force absolue pour ceux qui l'entendaient puisqu'ils
admettaient un dieu personnel et une création ;

2° La résurrection des corps, envisagée comme
réalité, est possible car elle n'a rien de contradictoire. C'est ce qu'il fallait démontrer à ces savants qui
niaient la possibilité de réunir en un seul sujet des
molécules qui avaient eu plusieurs propriétaires suc-
cessifs.

L'argumentation du philosophe est assez singulière :
l'*observation physiologique* nous révèle qu'à chaque
être est réservé un aliment naturel qui seul s'assimile.

---

[1] *Noctes atticæ*, XVIII, 10, 723.
[2] *Id.*, III, 15, 497.
[3] Cf., P. Allard, *Hist. des persécut.*, I, 344, 2e édition.

Or, *le bon sens et les sentiments*, les plus forts et les. plus universels, de l'homme, répugnent à considérer la chair humaine comme notre aliment naturel. Donc la chair humaine ne s'assimile pas à notre substance et jamais la même molécule n'aura deux propriétaires simultanés.

Aujourd'hui, ce mélange de science expérimentale et de sentiment personnel serait traité sévèrement, car on n'admet pas dans une question purement scientifique, l'immixtion du sentiment même assaisonné de logique. En outre, on sait, à n'en pas douter, que la chair humaine morte contient les mêmes éléments que la vinde des animaux et doit s'assimiler comme elle. Mais, au temps d'Athénagore, on n'avait point cette rigueur de méthode. « Nous ne trouvons, dans le monde scientifique d'alors que des *theories* stériles qui ne provoquaient ni *observation* ni *expérimentation*[1]. » Ptolémée, si universellement apprécié au IIe siècle, a été taxé de mauvaise foi par nos contemporains, parce qu'il faisait ce mélange que nous reprochons à Athénagore. « Ce n'était pourtant qu'un de ces esprits qui corrigent les choses pour les mettre d'accord avec la théorie[2]. » Et Galien lui-même ne créait-il pas des systèmes philosophiques pour expliquer des faits scientifiques.

D'où l'on peut conclure que cette partie négative de la démonstration d'Athénagore dut faire une très forte impression sur ses auditeurs, car elle était dans la note

---

[1] Croiset, *Hist. de litt. grecq.*, V, 724.
[2] *Id.*, V, 707, en note, contre l'opinion de Delambre.

juste pour l'époque. Cependant — et ceci indiquerait
la pénétration de notre apologiste — on remarque dans
le passage où intervient le principe de bon sens qui dé-
clare la chair humaine inassimilable à l'homme, une
certaine gêne et une exagération manifeste qui révèlent
chez l'orateur un doute chassé par des affirmations
répétées, des appels à l'absurdité et même des moque-
ries [1].

En résumé, Athénagore parle comme parlait alors la
foule des savants, et ses arguments durent paraître
d'une force absolue. Aujourd'hui il ne reste rien de
cette réfutation puisque son principe, « la chair humaine
ne s'assimile pas à la substance de l'homme », a été
reconnu faux.

Les arguments positifs d'Athénagore sont, en substance, ceux-ci :

1° L'homme est à lui-même sa fin, il est fait pour
vivre. Or, la vie *humaine* exige la vie de l'âme et celle
du corps. Le corps et l'âme doivent donc vivre toujours
et le corps ressuscitera ; 2° c'est la personne qui pose
les actes méritoires de la fin, cette fin sera donc personnelle. Mais la personne c'est l'âme et le corps unis,
donc âme et corps se réuniront après la mort ; 3° les
actes méritoires sont communs à l'âme et au corps,
donc la récompense sera commune à l'âme et au corps
et ce dernier doit ressusciter ; 4° la fin est proportionnée à la nature, or la nature de l'homme est d'être

---

[1] Cf. *loc. cit.*, n° 8, col. 989, voici quelques expressions et
quelques superlatifs : « ἔχθιστόν τι καὶ παμμίαρον... » et trois lignes
plus haut trois gros superlatifs pour exprimer cette évidence :
l'anthropophagie est détestable. Enfin l'ironie du μισοθήροις.

âme et corps, donc l'homme obtiendra sa fin en corps
et en âme et le corps ressuscitera.

Il est clair que cette démonstration repose toute sur
le mot φύσις, employé en des sens divers. Cette équivoque qui, aujourd'hui, rend ses arguments infirmes,
pouvait, peut-être, faire sa force alors. Pour les auditeurs d'Athénagore, φύσις veut dire surtout « substance
unique » comme dans Platon[1]. Les diverses notions
métaphysiques qu'expriment pour nous les termes :
φύσις, οὐσία, ὑπόστασις etc., ne sont pas encore classées ni
précisées et, comme nous le prouvent les formules, l'idée
de l'unité de l'homme est à la fois moins nette et plus
absolue aujourd'hui.

La présence de l'âme subsistante n'est pas précisée
ni peut être rationnellement acquise[2] et l'on parle de
la vie humaine comme on parlerait de la vie animale.
Cette confusion est très apparente dans un passage où
le philosophe fait étrangement tort au chrétien : « La
raison ne pourra subsister sans la substance (φυσίως) qui
l'a reçue et dans laquelle elle réside[3]. » Ceci n'est vrai
— pour nous — que de la connaissance, puisque, chez
les animaux, la mort en détruisant la substance détruit
la connaissance. De sorte que ce mot φύσις n'a, en réalité, qu'un sens, celui de substance unique, ce qui

[1] V. g. Gorgias, 483, e.

[2] Comme pour Platon lui-même (Phédon). « L'immortalité de
l'âme reste pour lui plutôt une belle espérance qu'une vérité
démontrée, il dit, la chose vaut la peine qu'on se hasarde d'y
croire ; c'est un beau risque à courir, c'est un noble espoir dont
il convient de s'enchanter soi-même. » (Boissier, *Relig. rom.*,
I, 308).

[3] *Loc. cit.*, n° 15, c. 1004, *in fine*.

rend la démonstration irréfutable. Comment Athénagore harmonise-t-il cette vague doctrine avec la
croyance à l'immortalité de l'âme? Je n'en sais rien.
Mais ici le platonicien seul se révèle et efface le chrétien. Cette explication semble excellente si on applique
les raisonnements de notre philosophe à un pur animal, par exemple : « Un lion est à lui-même sa fin, il
doit donc vivre toujours; si *par accident* il meurt,
Dieu doit le ressusciter et le ressusciter tout entier,
avec sa chair et sa vie, puisque sa vie est liée à sa
chair. » C'est là une de ces exagérations familières aux
philosophes qui se piquent trop de logique. En effet,
la théorie de l'union accidentelle de l'âme et du corps
aboutit à deux conclusions ultra-logiques : l'homme
est double, comme le cavalier et sa monture, ou il est
unique absolument comme un simple animal en qui la
vie — l'âme — serait contingente comme l'être qu'elle
anime. Athénagore abonde dans le sens qui favorise
sa déduction du moment. Il choisit ici le sens de l'unité
animale, comme plus loin, au cours du quatrième argument, il prendra le sens de l'homme double, quand
il parlera de l'âme bonne par elle-même et du corps
mauvais. Il lui manquait pour être clair la théorie de
l'âme subsistante et de l'union substantielle.

Il faut conclure de ces réflexions que cette métaphysique était valable au IIe siècle et dans un milieu
néo-platonicien. Assurément, ce n'étaient pas les sophistes et les rhéteurs, même ceux qui croyaient encore
au sérieux de la pensée et de la vie, qui pouvaient
demander compte de confusions qu'ils n'apercevaient
même pas.

§ II. — Valeur absolue.

Nous serons brefs sur ce point, car une discussion théologique, qui serait d'ailleurs très longue, n'est pas de mise en ce travail. Il faut avouer que la démonstration d'Athénagore n'est plus aujourd'hui tenue pour valable absolument. Tous les théologiens affirment que la raison seule ne peut que fournir des convenances en faveur de la résurrection des corps.

De plus, la théologie semble prendre une position plus nette et plus inexpugnable en face d'objections scientifiques formulées avec plus de force qu'au temps d'Athénagore, mais, au fond, identiques. On avait dit, en exagérant une doctrine de saint Thomas[1], que toutes les âmes étaient égales et de même perfection, leurs notes individuantes venaient uniquement de la quantité divisible de leur corps. D'où nécessité de la résurrection des corps avec les mêmes éléments numériques qui les composaient de leur vivant, sans quoi il n'y aurait au ciel que des êtres sans caractères individuels ou plutôt de nouveaux individus. Aujourd'hui[2], on soutient que les âmes sont d'inégale perfection[3] et que toute détermination générique, spécifique et *individuelle* du composé vient de l'âme. Cette théorie impose seulement la nécessité d'une matière *quelconque* que

[1] Celle de l'individuation par la matière ayant le signe de la qantité.

[2] Cf. Billot, *Questiones de novissimis*, thesis XIII, p. 156-157.

[3] G. Thomas, I, q. 85, art. VII, *in corp.*

l'âme déterminera suivant sa perfection propre, de manière à reprendre réellement *le même* corps qu'elle avait dans la vie d'épreuve. Si l'on partage cette opinion, toutes les objections tombent d'elles-mêmes.

L. J. C.

TABLE DES MATIÈRES

Lyon. — Imprimerie A. REY, 4, rue Gentil. — 39336